墨香财经学术文库

U0656722

基于非专利引文分析的科学与技术文本知识相关性研究

Research on the Correlation of Scientific and Technical
Text Knowledge Based on Non-patent Citation Analysis

王晓宇 著

东北财经大学出版社
Dongbei University of Finance & Economics Press

大连

图书在版编目（CIP）数据

基于非专利引文分析的科学与技术文本知识相关性研究 ／ 王晓宇著．—大连：
东北财经大学出版社，2023.12
（墨香财经学术文库）
ISBN 978-7-5654-5023-5

Ⅰ.基… Ⅱ.王… Ⅲ.科技资料-论文-专利文献-引文-信息处理-研究
Ⅳ.①G255.51②G255.53

中国国家版本馆CIP数据核字（2023）第210718号

东北财经大学出版社出版发行

　　大连市黑石礁尖山街217号　　邮政编码　　116025
　　网　　址：http∥www.dufep.cn
　　读者信箱：dufep @ dufe.edu.cn
大连图腾彩色印刷有限公司印刷

幅面尺寸：170mm×240mm　　字数：186千字　印张：13　插页：1
2023年12月第1版　　　　　2023年12月第1次印刷
责任编辑：李　彬　赵　楠　　责任校对：贺　力
封面设计：原　皓　　　　　　版式设计：原　皓
定价：65.00元

前言

　　科技创新是国家经济和社会发展的重要支撑，科学发展对技术创新的积极作用得到了各国政府和各领域学者的广泛认可。企业作为国家技术创新体系中活跃和重要的参与主体，是推进创新驱动发展战略的中坚力量。科学研究中已揭示的科学发展对技术创新的促进作用以及多元主体从事研发活动所积累的创新成果等，为以企业为代表的技术创新主体开展基于科学的技术创新实践提供了理论指导和知识积累。

　　作为科学和技术领域间存在关联关系的重要依据，专利文献中包含的非专利引文为探索二者间复杂的作用关系和互动方式提供了可度量的现实途径。已有的研究多根据技术专利和学术论文中的著录信息在不同创新主体、创新领域、创新成果之间建立映射，再结合创新扩散、社会网络关系、技术转移等理论探讨科学发展推动技术创新的内在原理与作用机制。虽然非专利引文真正关联的是学术论文和技术专利这两类文本，但其能够作为关联科学和技术领域的依据则是基于这样两个假设：第一，专利和论文分别是技术创新和科学研究的重要产出；第二，非专利引文关系中的专利与论文之间存在知识上的相关性。

目前，学术界对于第一个假设的成立已达成共识，在对各个国家和地区授予专利和发表论文数量进行统计后可以发现，企业和以高校为代表的科研机构分别是专利和论文的申请与发表的主体，因而将专利和论文作为两类创新主体的主要创新产出存在合理性。然而，关于第二个假设的成立仍缺少系统且全面的科学论证，这直接影响了建立在非专利引文基础上的科学和技术关联研究的可靠性。此外，虽然重大技术突破离不开相关领域的科学进展，但并非所有与施引专利存在知识相关性的学术成果对于技术问题的解决都具有直接推动作用，优秀的科研成果也并非总是具有可直接进行技术转化的高应用价值。在企业的技术创新实践中，非专利引文能够为研发活动需要的科学知识提供具体线索，但过分依赖容易造成科学研究和技术创新发展逻辑上的不兼容，进而导致企业研发战略的制定和资源投入出现偏差，增加项目投资风险、延长了技术研发周期。因此，检验非专利引文关系中的科学和技术文本知识相关性，揭示两类文本的知识相关类型和特点，开发能够从非专利引文中识别具有技术创新应用潜力科学研究的技术方法，对于探索科学与技术间的复杂关系，丰富和完善二者相关性研究的范式与方法，指导企业从事基于科学的技术创新实践等具有重要意义。

本书利用文本挖掘技术和信息分析方法对非专利引文关系中的论文和专利两类科学与技术文本的知识相关性进行系统研究，主要的研究内容如下：

（1）梳理科学与技术间存在关联关系的理论依据、研究方法、技术手段，对基于非专利引文所确立的科学技术相关性研究现状进行评述并指出不足。

（2）将研究对象限定在论文和专利两类科学和技术文本，并将非专利引文限定在技术专利对科学论文的引用上。以向量空间模型计算两类文本的知识相关性，采用大样本数据集对3D打印技术领域非专利引文关系中的论文和专利的知识相关性进行检验，对非专利引文能否作为判定两类文本存在知识相关性的依据提供系统而全面的论证。

（3）在四轮德尔菲专家调查法后归纳总结施引专利与被引论文间的知识相关类型，结合创新扩散、基于文献的知识发现理论，探讨与专利存在不同相关类型的科学研究成果如何辅助企业的技术创新实践，特别是如何加快具体技术问题的解决。在此基础上，分析以向量空间模型为基础的相关性计算结果对不同知识相关文本的度量效果，指出将高得分科学研究成果作为实现技术创新重要途径存在的问题与不足。

（4）针对上述传统相关性计算方法中的不足，从信息抽取、知识表示、相关性度量三个方面入手，提出能够从非专利引文中识别具有创新应用潜力的科学研究的方法，包括用于专利和论文知识内容表示的关键词抽取算法、融合概念间语义信息的文本知识表示方法、论文与专利的知识相关性计算方法。

（5）为了体现本书提出的相关性计算方法的优越性，以 3D 打印技术领域的技术专利和科学论文为分析对象，介绍如何将该方法应用于企业的技术创新合作伙伴识别任务当中。重点揭示将该相关性结果作为合作伙伴评价指标对识别结果的影响，以此证明本书的方法在科学和技术文本知识相关性计算方面的可靠性。

本书的主要研究结论与成果如下：

（1）证明了具有非专利引文关系的技术专利和科学论文之间的确存在知识相关性。

（2）提出了非专利引文关系中专利与论文具有的四种知识相关类别，即知识背景相关、创新依存相关、技术功能相关、主题概念相关。

（3）提出了一种可用于表示专利和论文摘要中重要知识内容的关键词抽取算法，并在开放语料上证明其出色的性能。

（4）提出了一种用于计算专利和论文文本知识相关性的新方法，可反映文本知识在文本内容、"技术—功能"关联、知识网络距离三个维度上的相关性特征。

（5）以 3D 打印技术领域企业的技术创新合作伙伴识别任务为例，证明了相关方法在科学和技术文本相关性计算方面的优越性，说明了本书的方法应用情境广泛。

作　者
2023 年 8 月

目录

第1章　导论

1.1　研究背景与研究问题

1.1.1　研究背景

科技创新是国家经济和社会发展的重要支撑。我国自1995年实施科教兴国战略以来，中央政府不但加大了对科技研发投入的力度，也更加注重科技进步在保持经济持续稳定增长中的重要地位。国务院于2016年发布的《"十三五"国家科技创新规划》中指出，深入实施的创新驱动发展战略促进了我国科技创新能力的持续提升。随着我国经济发展步入速度变化、结构优化、动力转换的新常态，迫切需要依靠科技创新培育发展新动力，而加强基础研究则是在重要科技领域实现跨越式发展，掌握新一轮全球科技竞争主动权所要遵循的基本原则。科学对于技术创新的重要作用已得到各国政府和学者的广泛认可，但多领域的实证和案例研究结果表明，科学向技术创新的转化并非一蹴而就的，而是一个极其复杂的动态过程。虽然重大技术突破与相关科学领域的研究进展不无关系，但也并非好的科研成果就意味着高应用价值，这种科学研究和技术创新发展逻辑上的不兼容，容易造成国家科技创新规划制定不合理、政策执行不到位、企业研发战略出现偏差等问题。

企业作为国家技术创新体系中活跃的参与主体，是推进国家创新驱动发展战略的中坚力量。技术创新是企业保持核心竞争力并赢得行业竞争的关键要素，持续而稳定的新技术产品推出是管理者对市场需求精准把控的结果，同时也离不开规模化研发经费投入和成熟项目团队的技术支持。然而，随着研发投入的不断增加，企业所承担的失败风险也更加巨大，这促使越来越多的企业放弃独立研发的技术战略，转而尝试通过与从事科学研究的高校和其他非营利科研机构的合作来提高技术创新绩效，也就是基于科学的技术创新。科学研究是一种人类以认知、探索、解释客观世界为目的所从事的科学活动，成果的主要表现形式就是在专业学术期刊或会议上发表的科学论文，其既是科学知识的客观载体，也是知识跨时空传播的重要媒介。科研机构的科学研究成果是工业创新的重要基石，随着社会各界相关讨论和研究的深入，科学和技术的互动模式与作用机制也逐渐清晰，虽然仍未达成共识但也足以证明二者之间确实存在关联关系，而最好的例证就是技术专利中包含的非专利参考文献。

专利是发明人在法律规定的时间内所拥有对某项发明创造的独享权益，由于专利文本记录了与发明原创性工作相关的图文证据，因而也被视作一种技术创新知识的重要载体。与学术论文发表应以研究内容的新颖性为前提一样，专利中的技术知识也需满足独创性的要求且目的性更强，通常以解决现实中存在的技术问题为目标。但不同于学术论文的作者主要来自高校和其他科研机构，专利的申请主体通常为企业，因此专利也被视作企业技术创新知识的重要产出形式，专利的数量和质量也成为衡量企业核心竞争力的重要指标之一。与学术论文中需要添加参考文献类似，专利也包含了与引文相关的著录项目，即专利引文和非专利引文，前者是指专利对专利参考文献的引用，而后者则为专利对非专利参考文献的引用。此外，由于绝大多数非专利引文所指向的参考文献为科学论文，因而也被称作专利的科学引文，并作为科学与技术存在关联关系的现实依据，被用于探索科学发展对技术创新的推动作用，揭示科学知识向技术领域扩散的动态过程与规律，成为量化科学研究价值及预测未来关键技术的重要指标。

通过非专利引文来探究科学研究和技术创新之间的关系通常基于这样一种假设，即技术的发展具有科学依赖性，即技术创新是在科学研究的基础上发展而来。由于期刊论文普遍被认为涵盖了与科学研究相关的创新知识成果，专利文献记录了创新发明及其可应用的技术领域，因而二者常被视为科学和技术领域的替代表征，通过揭示两类文献之间的关联关系近似地反映科学与技术的作用关系，或者从分析科学和技术领域知识关联网络的结构特征入手，探索科学研究和技术创新主体的互动模式，评价技术创新政策制定的合理性和实施效果，识别行业新兴技术领域和技术机会等。

然而，仅根据非专利引文建立的科学技术关联来指导企业的技术创新活动仍存在不足。首先，各国专利局对非专利引文著录项添加的规定存在差异，这使得并非所有的专利文本中都包含可用于关联科学和技术的非专利引文。其次，与论文的科学引文类似，非专利引文也同样存在引文偏好、为规避原创性工作而导致的错误和遗漏引用。与学术论文参考文献的添加者只为论文作者不同，专利审查员具有添加引文项目的权限，不同的引文动机也增加了非专利引文项目中包含的引文噪声。最后，最为重要的是关于非专利引文能否准确地反映科学和技术知识的关联关系学术界仍未达成共识，特别是在非专利引文关联的科学论文和技术专利之间是否真的存在知识关联性这个问题上，仍缺乏可靠且具有说服力的研究证据。

此外，基于非专利引文的科学与技术创新研究只能为企业的技术创新活动提供宏观或中观层面的决策支持，通常采用内容分析和引文分析相结合的研究方法，根据任务需要对特定技术领域的技术创新主体绘制技术地图，以此完成技术趋势分析、竞争对手识别、技术机会识别等目标。虽然这种基于引文著录项目的分析方法具有简单易懂、实施简便的优点，但它在刻画技术细节、知识关联与推理方面存在很大的局限性。

与此同时，企业所处的外部竞争环境又迫使其必须最大限度地整合利用企业资源，以较低的成本实现最大程度的技术创新受益，因而如何将有限的资源合理投入到最有可能带来经济收益的创新项目中，并在降低创新成本的同时提高研发效率是企业亟待解决的问题。

1.1.2 研究问题

为了解决"具有非专利引文关系的专利和论文存在知识相关性"这一科学论断缺乏科学研究的证据支持问题，本书利用两类文本所确立的科学与技术知识关联帮助企业从海量科学研究中识别具有技术创新应用潜力的研究成果，并对以下几个方面的问题进行重点研究：

（1）非专利引文是否能作为度量科学和技术领域关联的客观依据，即该引文关系中的施引专利和被引论文之间是否真的存在知识上的相关性？

（2）如果两类文本不存在知识上的相关性，那么非专利引文能够反映的是科学和技术之间的何种关系？如果非专利引文能够反映科学和技术之间的关系，那么施引专利和被引论文之间具有何种知识相关类型？是否专利文本引用的全部科学论文都对技术创新工作具有直接的应用价值？

（3）如果并非所有的非专利引文都对专利中的创新工作具有直接应用价值，是否能够开发出一种高效的技术方法实现对具有技术创新潜力的科学研究快速识别？

（4）在识别到具有技术创新应用潜力的科学研究后，如何利用该类研究建立科学和技术领域之间的关联关系并协助企业从事基于科学的技术创新实践？

1.2 研究目标与研究意义

1.2.1 研究目标

本书将在真实领域数据的基础之上，对非专利引文关系中的专利和论文文本具有知识相关性的假设进行检验，在四轮德尔菲专家调查后归纳总结两类文本具有的知识相关类型，并在此基础上提出能够反映科学研究创新应用潜力的文本知识相关性计算方法。具体研究目标如下：

（1）将本书所研究的非专利引文限定在技术专利对科学论文的引用方面，以向量空间模型作为文本知识相关性的计算方法，通过3D打印技术领域的引文实例检验非专利引文能否作为判定论文和专利文本存在知识关联的依据。

（2）利用德尔菲法提出非专利引文关系中专利与论文的知识相关类型。基于创新扩散理论、基于文献的知识发现理论揭示与技术专利具有不同知识相关类型的科学研究在辅助企业技术创新活动中所扮演的角色和承担的作用，根据相关性计算结果指出当前文本挖掘技术在识别具有创新应用价值科学研究方面存在的不足。

（3）从信息抽取、知识表示、相关性度量三个方面入手，提出能够从非专利引文中识别具有创新应用潜力的科学研究的技术方法，包括用于专利和论文知识内容表示的关键词抽取算法、融合概念间语义信息的文本知识表示方法、基于元路径和外部知识网络的论文与专利知识相关性计算方法。

（4）以3D打印技术领域企业的技术创新合作伙伴识别研究为例，利用本书提出的专利与论文知识相关性计算方法建立技术和科学领域的知识链接，再结合企业的技术特点与科研机构的科学研究能力，为各类型企业从事基于科学的技术创新实践选择最佳的研发合作伙伴。

1.2.2 研究意义

1）理论意义

（1）验证非专利引文关系中的专利和论文文本是否真的具有知识相关性，为基于非专利引文的科学与技术关联研究提供证据支持。

非专利引文提供了关联科学和技术领域的便捷方式，但关于该引文关系中的专利和论文是否存在知识相关性仍缺乏科学研究的证据支持。这一基本假设成立与否对于建立在非专利引文分析基础上的科学与技术关联研究的可靠性至关重要，因为假设的成立实际上对科学与技术领域之间的知识扩散或技术转移的内在动因做出了解释，即因为两类文本知识相关，所以科学论文会被专利引用。而检验非专利引文作为科技链接的可靠性，也能够深化对科学和技术复杂关系的理解。

（2）丰富和完善科学与技术关联研究的范式与方法。

传统的科学与技术关联研究多通过授权专利和发表论文数量、非专利引文网络结构特征以及在此基础上发展得到的量化指标来揭示两个领域的知识关联强度、知识扩散模式、发展互动机制等，缺少在大规模文本内容分析基础上得到的相关性研究结论。本书的主要研究成果提供了能够用于度量大规模专利和论文文本知识相关性的技术方法，基于文本内容的分析结果可与基于统计学方法的科学论断互为补充，丰富并完善与科技创新相关的创新扩散、基于文献的知识发现、技术转移等理论。

2）实践意义

（1）为企业从事基于科学的技术创新活动提供决策支持。

通过文本挖掘技术和非专利引文分析方法分别刻画科学与技术关联的内外部特征，帮助企业从海量科学文献中搜寻具有创新应用潜力的科学研究成果并评价其作为技术问题创新解决方案的可行性，通过提高信息搜寻效率来缩短项目的研发周期，合理规避由非相关领域错误投入导致的项目投资风险，最终实现合理配置企业资源、保持技术产业在国际市场竞争中的绝对和相对技术优势、提高国家核心竞争力、推动社会经济发展的重要目标。

（2）辅助国家科技创新政策的制定和落实。

通过细化专利及其科学引文之间的知识相关类型，揭示科学发展对技术创新的多种关联与作用方式，帮助国家政策制定主体认清通过加大科学研究投入推动技术创新的手段与目标之间的逻辑距离。在遵循科学和技术发展客观规律的同时，采用合理的政策法规引导多元创新主体的科技发展方向，使其在满足自身发展需要的同时为推动国家经济与社会发展做出贡献，做到政策有的放矢，进一步改善我国科研成果转化率不高的现实问题。

1.3 研究思路

1.3.1 研究内容

本书以3D打印技术专利及其非专利引文数据为研究起点,综合运用信息抽取与知识表示技术,引文分析、专利分析、德尔菲法等研究方法,对利用非专利引文在科学和技术文本间建立的知识相关关系以及在此基础上开展的基于科学的技术创新实践进行系统研究。

本书各章节内容安排如下:

第1章是导论。介绍研究背景与研究问题、研究目标与研究意义、研究设计、研究创新点。

第2章是理论基础与研究综述。界定本书提及的重要概念,根据研究设计介绍科学与技术关联的理论基础(社会网络理论、创新扩散理论、基于文献的知识发现理论)、关联方法(引文关联与内容关联)、基于非专利引文的科学与技术关系研究成果、专利与论文的信息抽取任务对象和主要方法。

第3章是非专利引文文本知识相关性的可靠性研究。以3D打印技术领域的非专利引文实例为研究对象,采用向量空间模型对具有引文关系的实验组文本和非引文关系的对照组文本的知识相关性进行计算,并应用统计学方法对专利及其科学引文具有知识相关性的假设进行检验。在此基础上,利用德尔菲法提出专利及其科学引文具有的知识相关类型,归纳不同类型的科学研究与专利技术创新的关联关系,分析相关性计算方法对不同知识相关文本的度量效果,指出将高得分科学研究成果作为实现技术创新的重要途径存在的问题与不足。

第4章是基于关键词网络的专利与论文知识内容提取。根据第3章的研究结论和传统文本知识相关性计算方法的不足,从信息抽取、知识表示、相关性度量三个方面入手,提出能够从非专利引文中识别对专利技术问题解决具有推动作用的高应用价值科学研究成果的技术,即一种新的科学与技术文本知识相关性计算方法。本章重点介绍该方法中包含的知识内容提取技术，将知识内容表示为关键词集合，进而提出一种基于文本图的关键词抽取算法。其中，以句法解析中的词间依存关系和修饰关系作为图中词节点的连接依据，省去以词语共现关系为基础的文本网络图生成方法中所需要的窗口长度参数设定；以包含丰富语义信息的文本图为基础，提出融合关键词位置信息、概念层级、概念连接偏好和连接强度的词权重计算方法。最后，在开放数据集上将该关键词抽取方法与其他两个基准方法进行比较，证明了该方法的优越性。

第5章是非专利引文关系文本的知识相关性计算方法。从企业实施基于科学的技术创新实践出发，整合第3章和第4章的研究成果，对本书提出的科学和技术文本知识相关性计算方法进行详细介绍，创新性地将文本内容、"技术—功能"关联、领域知识距离三个维度的相关性特征整合于度量指标当中。其中，文本内容的相关性得分首先采用第4章关键词抽取算法对专利和论文文本的关键词集合进行提取，再由向量空间模型计算得到；"技术—功能"关联将两类文本中的重要信息表示为异质信息网络，通过预设元路径完成在指定特征维度上的相关性计算；领域知识距离则通过引入外部知识库，在更为庞大的领域知识网络中计算两类文本的相关性。最后，采用基于统计学和基于领域专家知识的两阶段评估对本章方法在文本知识相关性计算方面的有效性进行检验。

第6章是科学与技术文本知识相关性的应用研究。为了验证本书提出的相关性计算方法的优越性，以3D打印技术领域的技术专利和科学论文为分析对象，介绍如何将该方法应用于企业的技术创新合作伙伴识别任务当中。重点揭示将该相关性结果作为合作伙伴评价指标对识别结果的影响，以此实现本书第3章至第5章研究成果的综合应用，证明各技术方法在科学和技术文本知识相关性计算方面的可靠性。

第7章是研究结论与展望。对相关研究工作进行总结，梳理主要的研究结论与创新点，分析并讨论研究中的不足和未来的研究展望。

1.3.2　研究方法

本书主要采用的研究方法如下：

1）文本挖掘

文本挖掘是计算机从不同类型的文本资源中（如网页、书籍、论文、邮件等）自动提取信息的文本处理过程，也称为文本数据挖掘。本书使用文本挖掘技术对科学论文和技术专利中的重要知识内容进行提取与分析。文本挖掘过程涉及数据清洗、语义解析、关键词抽取、命名实体识别、知识表示、知识相关性计算等多个核心自然语言处理技术方法。该方法的应用不仅实现了高效而便捷的大规模文本数据内容分析，而且规模化数据支持的科学研究结论进一步保证了相关研究的可靠性和可扩展性。

2）德尔菲法

德尔菲法是一种结构化的决策支持技术，它的目的是在信息收集过程中，通过多位专家独立且反复的主观判断，以获得相对客观的信息、意见和见解。德尔菲法实施的要点在于被征询意见的专家采用匿名方式发表意见，专家之间不可互相讨论，不发生横向联系，以此避免专家意见向高影响力专家意见的趋同。本书主要采用德尔菲法邀请3D打印技术领域专家对专利及其科学引文具有的知识相关类型进行多轮意见征询，多次反复直至意见趋于一致后停止。

第2章　理论基础与研究综述

2.1　相关概念界定

2.1.1　科学与技术

在对科学与技术的关联关系展开讨论之前，有必要先明确二者在文中的定义。"科学"一词起源于拉丁语"scientia"，被译为知识，是指一种可被检验的关于宇宙万物的解释和预测的知识体系。科学以科学研究为基础，最早可追溯至公元前3500年到公元前3000年以数学、天文学、医学为主的自然科学体系。到了现代，科学通常被划分为三大分支，即自然科学（如生物学、化学和物理学）、研究人类个体及人类社会的社会科学（如经济学、心理学和社会学）、研究抽象概念的形式科学（如逻辑学、数学和理论计算机科学）。"技术"一词源自古希腊语"techne"，是指用于生产、服务、实现科学研究目的技能、方法、过程的总和，既可以指代与技能或方法相关的抽象知识，也可以融入到实体化的机器设备中，根据设备操纵者的任务需要实现特定的工作或生产目标。

学术界关于科学和技术的概念界定与二者关系的讨论从未停止，但直至今日也未达成共识。传统的知识理论认为技术是关于知识应用的科学，且对科学具有高度的依赖性。在科学与技术的线性关系模型中，科学方法和理论的应用均可以帮助人类增加知识，科学是指在以认知为目的的科学实践中获得的知识，而技术则是关于知识应用的知识。因为知识的应用要以知识的存在为前提，所以科学可以独立于技术实现自我发展，即只关注知识的发现和获取而不考虑其应用，而技术却无法在脱离科学知识存在的情况下单独讨论应用，也就意味着技术发展需要以科学发展为前提。但越来越多的反对者指出，许多重要的技术发明和创新成果都是独立于科学产生的，不能将技术和科学的关系简单地视作依存与被依存的关系，科学发展并非推动技术进步的唯一途径。因此，学术界目前普遍认同的观点是科学和技术之间具有复杂的双向作用，其中代表性的关系模式如下：经济合作与发展组织提出的 Frascati 模式，澳大利亚科学技术委员会提出的修正线性模式，认为科学研究进程受到认知和应用双重目标影响的巴斯德象限模式，认为科学技术相互促进上升发展的双螺旋模式等。另一种理解科学和技术关系的简单方式则是将科学和技术知识的分离视作劳动分工和制度安排的历史结果，认为科学和技术分别为从事基础知识生产的非营利性科研机构和从事工业技术研发的营利性组织的主要产出。

随着对科学和技术相关问题讨论的深入，科学和技术的作用关系与互动模式逐渐明朗。从研究方法上看，围绕两者的科学研究可划分为定性和定量两大类别，前者多基于理论知识和经验判断对科学和技术的概念边界、作用关系等进行思辨，后者常见于将专利和论文作为科学和技术的形式化表示，通过构建与文本数量相关的统计指标反映科学和技术的发展模式，其中最为人们熟知的情报学研究方法则为文献计量。该方法将专利和论文视作科学和技术知识的主要载体，根据文献中包含的非专利引文、发明人/作者、机构等著录项目确立两个领域的关联线索，在此基础上探讨科学和技术的发展规律、领域的知识交换或扩散模式、科技创新主体的互动模式等。

由于本书是从情报学的学科视角来研究科学和技术文本的知识相关性，因此将科学和技术定义为记录在科技文本中的人类显性知识集合。这里的科学和技术文本分别对应于发表在学术期刊上的科学论文和各国家及地区专利局授予的技术专利，其中科学论文和技术专利所承载的知识集合被分别叫作科学和技术知识，而无法编撰成文的人类隐性知识并不在本书的研究范围内。此外，本书将知识相关性定义为不同知识单元间具有的知识关联强度。知识单元是指文本中能够用于表示知识内容的最小单位，如专利和论文中提及的领域术语、概念、关键词等；关联类型包括知识单元在文本中的共现关系、在句子中的语义关系、在外部知识库中的实体关系等。建立在此定义基础之上的科学和技术文本知识相关性研究则对两类文本中知识单元是否相关、具有何种类型相关、如何度量和利用这种相关等问题进行重点探索。

2.1.2　基于科学的技术创新

技术创新是一个组织（通常为企业）针对产品或服务的各个技术方面所进行的创新活动，以此实现提高组织商业价值、赢得市场竞争的目标。基于科学的技术创新是一种由非营利科研机构和企业共同主导的开放式创新模式。根据 Du 的观点，企业的技术创新实践可根据参与主体的不同类型划分为基于市场和基于科学两种模式，前者的创新主体包括消费者及产业链上的其他企业，而后者则指企业同高校或其他非营利科研机构建立合作伙伴关系后所从事的技术创新活动。从项目管理的视角来看，技术创新是由多个参与主体（如企业的资金支持、研发团队的技术攻坚、政府部门的政策引导）为实现特定技术目标而进行的一系列复杂且相互关联的研发活动，是企业实施创新战略的重要内容，并以项目参与者主导的知识创造和传播过程贯穿始终。

为了提高技术创新的效率，Chesbrough 和 Hagedoorn 等提出通过建立研发合作伙伴关系向项目团队注入新知识的观点。由于高校和其他科研机构中进行的科学研究是工业创新的重要基石，通过与这类机构建立长期稳定的合作关系，企业不仅可以获得与技术领域相关的隐性科学知识、掌握技术创新的科学技术空间，还可以将最新的科学研究成果快速应用于创新实践当中。

因此，本书主要聚焦如何通过区分科学和技术文本的知识相关类型来辅助企业基于科学的技术创新实践，从技术专利引用的众多科学文献中识别具有技术创新应用潜力的研究成果，并由此建立两个领域的知识关联，鼓励企业同强关联科学领域中的研究团队加强合作，达到降低技术研发成本、缩短项目投资周期、合理规避研发失败风险的目的。在本书的后续章节中，如没有进行特殊标注，所提及的"技术创新"均为"基于科学的技术创新"，基于市场的技术创新不在本书的研究范围内。

2.1.3　专利文本及非专利引文

专利文本是一种使用特定领域术语描述的发明技术文档，与学术论文相比，具有更为规范的书写形式。如美国专利与商标局（USPTO）授予的专利全文就被细致地分割为题目（title）、摘要（abstract）、权利要求（claims）、描述（description）（包括背景描述（description of background）、概要描述（description of summary）、图描述（description of drawings））、参考文献（reference）（包括专利参考文献（patent reference）和非专利参考文献（non-patent reference））等多个结构内容（见表2-1）。此外，不同于科学论文缺乏统一的学科领域分类，每一篇专利都包含了由世界知识产权组织（World Intellectual Property Organization，WIPO）所定义的国际专利分类代码（International Patent Classification，IPC）。因此，即便是使用不同语言书写的专利文本，也都可以通过IPC代码在文本中的共现关联起来。如果进一步在IPC与技术领域间建立映射关系，则可实现专利文本的分类，在此基础上对特定领域的专利数量进行统计即可初步掌握该领域当前的技术发展状态。

表2-1   **USPTO专利文本内容实例**

授权代码	US9016582
题目	Electro-optical code reading terminal for switching from a printed code reading mode to an electronically displayed code reading mode
摘要	An electro-optical code reading terminal for dynamically switching mode of operation from a printed code reading mode to an electronically displayed code reading mode is provided. The electro-optical code reading terminal measures and monitors, using one or more magnetic sensors, a magnetic field experienced at the electro-optical code reading terminal…
背景描述	Solid-state code reading terminals are installed in many venues, such as supermarkets, warehouse clubs, airports, department stores, and other kinds of retailers to electro-optically read by image capture a plurality of decodable symbol codes, such as one-dimensional (1D) codes, particularly Universal Product Code (UPC) bar codes, two-dimensional (2D) bar codes such as Quick Response (QR) codes as well as non-symbol codes such as driver's licenses, receipts, signatures, etc…
概要描述	The present invention relates generally to optical based registers, and particularly relates to an image sensor based code reading terminal that is capable of reading both printed codes and electronically displayed codes by image capture
权利要求	An electro-optical code reading terminal comprising: an energizable illumination system operative for illuminating objects positioned in a field of view of the electro-optical code reading terminal with illumination light; a solid-state, exposable imager having an array of light sensors and operative for capturing return illumination light from objects positioned in the field of view of the electro-optical code reading terminal; at least one magnetic sensor operative for measuring magnetic field experienced by the electro-optical code reading terminal…

资料来源：作者根据相关资料整理。

2.2 科学与技术关联的理论基础

2.2.1 社会网络理论

社会网络理论诞生于20世纪30年代，成熟于20世纪70年代，最早由英国人类学家Radcliffe Brown在其探讨文化如何规制有界群体（如部落、乡村等）内部成员行为的研究中提出。1988年，Wellman首次给出了关于社会网络较为确切的定义，他认为社会网络是由某些个体间的社会关系构成的相对稳定的系统，是由一组社会行动者（如个人或组织）、一系列社会联系、行动者之间的社会交流所构成的社会结构，提供了一套可用于分析整个社会实体结构的理论与方法。社会网络理论有两大分析要素：关系要素和结构要素。关系要素关注行动者之间具有的社会性黏着关系，通过社会联系的密度、强度、对称性、规模等来说明特定的社会行为及其发展过程。结构要素则关注网络参与者在网络中所处的位置，讨论两个或两个以上的行动者关系所折射出来的社会结构，以及这种结构的形成和演进模式。

部分学者将技术创新视作一种不同参与者所从事的社会活动，且大量的实证研究也表明创新主体（如个人、团队、组织、国家等）的社会关系网络会通过便利或限制信息与知识的获取、转移、评估等渠道而对创新施加影响。常见的社会关系网络包括基于专利发明人贡献所形成的技术合作网络，基于论文共同作者所形成的科学研究合作网络，将作者/发明人与其所属组织机构、国家进行关联则又可以形成反映更高层级创新主体的社会交互网络。然而，基于合作关系的技术创新实践并非完全依赖于创新主体的社会关系，还要充分评估网络中主体的研究领域和知识背景，因为那些在相近学科或相关领域从事科学或技术研究的创新主体间更容易合作。根据这一观点，部分研究还将创新主体的知识背景融入合作伙伴的选择当中，以此探索知识网络对合作创新产出的影响。

此外，由技术专利和学术论文构成的引文网络也可以被视作一种有向的社会关系网络，表示一个作者（或发明人）对另一个作者（或发明人）过去研究的引用。由于科学和技术文本的撰写者均为社会人，文档中添加的参考文献则反映了作者的引用行为，因而引文网络能够用于描述文本中的知识在不同科技创新主体间的跨时空流动，表示一个作者（发明人）在科学（技术）文本中记录的知识、观点、信息等传递到了其他作者（发明人）的过程。采用非专利引文探索科学与技术关联的研究同样基于这一观点，基本的研究步骤是先从每一篇论文和专利中分别提取作者/发明人信息、作者隶属单位或专利权人、学科或技术领域信息，再将专利对论文的引用理解为发明人—作者、企业—科研机构、学科领域—技术领域等社会网络参与主体之间的知识交流，以此揭示创新主体的社会网络结构与关系特点对主体间的知识互动方式和创新知识产出效率的影响。

2.2.2 创新扩散理论

罗格斯的创新扩散理论通常被用于解释技术在社会环境下的传播或采纳过程，理论观点主要依赖单向创新流的基本假设，即创新知识从技术向市场的流动过程。根据罗格斯的观点，影响一个新思想传播的重要因素包括创新本身、创新传播的渠道、实践和社会系统，整个过程对人力资本具有高度的依赖性且创新必须被广泛采用才能实现自我维持，因此理论中也重点阐述了创新采纳与创新扩散的关系。创新扩散理论为研究科学与技术交互的动态过程提供了理论基础，即可以将创新视作知识在科学和技术领域创新主体间扩散、采纳、再创造的结果。虽然科学与技术的交互是一个动态、异质、复杂性高的非线性过程，但这并不影响将该理论用于二者间关系的探索研究中，因为无论科学的发展是否为技术进步打下知识基础，二者确实存在知识的单向或双向流动。创新扩散理论视角下的科学与技术关联研究则重点探讨了两个领域的知识互动与交流会对各自的发展带来怎样的影响。

然而，"创新扩散"在科学和技术关联研究中并不多见，更为常用的概念则是"知识扩散"与"技术转移"。知识扩散可以被定义为科学和技术出版物中记载的知识被不同主体采纳和应用的过程，技术转移则被认为是技能、知识、技术和制造方法的转移，更强调技术的商业化过程。上述几个概念的主要联系在于可通过适当的概念外延应用于技术（知识）流动的相关研究中，主要区别为创新扩散的概念要大于技术转移和知识扩散，因为创新仅仅意味着一些新的东西，一些不同于现有秩序或共同模式的对象。虽然某些创新可能是科学发展或技术进步的结果，但也可以是旧原则在新情境中应用的结果，因此知识扩散和技术转移可以并存于创新扩散的过程当中。此外，创新是一个中性词，当创新被用来寻找解决现有问题的方法时就具有积极或消极的属性，旧的创新也会因为情境和问题的改变而被新的创新所替代，且这个新老交接的过程会因为创新采纳者的抵触而无法平稳度过。从行为主体上看，技术转移是技术开发主体的积极行为，而创新扩散和知识扩散则是采纳和接受者的积极行为。特别是基于专利和科学引文的扩散研究，添加参考文献的主动权始终在专利发明人和论文作者的手中，被引文献的作者无法决定其他作者（发明人）的引用行为。

本书属于知识扩散的研究范畴，将论文和专利通过非专利引文建立的引文关系作为科学和技术知识具有相关性的现实依据，将专利对科学论文的引用视作知识从科学领域向技术领域的扩散过程，虽然科学与技术领域间的知识扩散是双向的，但科学论文对技术专利的引用及其对应的知识从技术向科学领域的扩散过程并不在本书的研究范围内。

2.2.3　基于文献的知识发现

基于文献的知识发现是指对科学文献中"隐藏的公开知识"的知识发现过程，由美国芝加哥大学 Don R.Swanson 教授于 1986 年首次提出，国内学者也常将其译成"非相关文献知识发现""基于文献的发现""Swanson 关联"等。基于文献的知识发现的主要观点如下：在公开发表的科技文献中，一部分文献表达了文献 A 和文献 B（或文献集合 B）的关系，另一部分文献则表达了文献 B（或文献集合 B）和文献 C 的关系。与此同时，已有的文献没有关于 A 和 C 之间存在关联关系的记载，但已有的研究表明 A 和 C 之间很可能存在某种间接或隐藏的联系，且极有可能是未被发现的新知识。1997 年，Swanson 用流程图说明了通过与文献集合 A、C 具有共同联系的集合 B 推导出 A 与 C 关联关系的原理，即 A→B→C 的知识发现过程。2001 年，Weeber 等在 Swanson 的研究基础上，正式提出可以形成和验证科学假设的知识发现过程：开放式过程和闭合式过程。开放式过程是形成科学假设的过程，描述为：A→B→C；闭合式过程用于验证科学假设，描述为：A→B←C。后续开展的理论研究多数基于 Swanson 教授早年发表的文章，主要分为以下部分：检索理论、文献计量学理论、关于三段论的逻辑推理。

文献检索是指根据指定需求，科学地利用专业工具从目标文献集中快速、准确、全面地获取所需文献的过程。基于文献的知识发现的检索理论认为，文献检索实际上是确定文本主题相关性的过程。此外，在知识的开放式和闭合式发现过程中，同样也需要验证并判断主题间的相关性，根据 Swanson 在研究中的解释，当文献集合间没有重叠，施引和被引文献也极少重叠的情况下，才可以被称为"noninteractive literatures"或"disjoined literatures"，具备基于文献的知识发现意义。三段论是借助一个共同概念把两个直言判断联结起来，并在此基础上得出结论的演绎推理。基于文献的知识发现中的三段论是指逻辑上相关的文献以及观点可以通过推理模型表达。例如，研究人员从生物医学文本当中分别抽取"疾病—病症"和"病症—治疗剂"二元关系，前者说明疾病能否引起特定的生理学表达，后者则决定了特殊的物质是否可以缓解或消除特定的生理学现象。经过三段论的逻辑推理，就可以得到疾病和治疗剂之间的关系，帮助发现新的药物治疗方法或进行药物应用的拓展。

文献计量学是采用数学与统计学方法，通过对科技文献进行定量的分析以把握科学技术发展现状或未来趋势的情报学分支领域。在基于文献的知识发现中最为人们熟知的文献计量学理论为共现理论，即通过共现关系来描述文本的相关性并在此基础上实现知识的关联、推理、发现，包括基于文献著录项目的参考文献共现（同被引、引文耦合）和基于文本内容的关键词共现。在相关性度量方面，前者通常是根据引文网络的结构、节点关系、节点距离来确定文本或知识单元的相关性；后者则根据词袋模型将文本内容表示为关键词向量，利用向量空间模型计算任意两个文本向量之间的余弦相关性。为了弥补传统文献计量方法在知识单元关系表示方面的不足，将统计量间的语义关系融入相关性的度量已经成为当前研究的主流。

相较于在理论方面的丰富研究成果，基于文献的知识发现实践并没有被很好地开展，最主要的限制因素在于文本信息的抽取效果难以保证，从文献中精准筛选出可以在文本间建立语义关联且具有推理价值的知识单元是极其困难的。事实上，虽然 Swanson 的理论发源于情报学，但在生物信息学领域却有着更为广泛的应用，这一结果主要归因于生物医学文献中规范的知识单元书写简化了信息抽取任务。该理论在生物信息学的应用通常围绕与基因、疾病、药物、病症等医学实体相关的知识发现任务，一方面上述实体之间具有明确的作用和关联关系，如基因变异引起疾病，疾病导致患者的病症，药物能够缓解病症等，这意味着信息抽取的对象和关系推理任务是相对明确的；另一方面上述实体在文本中的表达也更为统一，结合外部知识库或领域本体就可以完成较为精准的信息抽取任务。

情报学领域的学者也对该理论在人文社科或技术创新领域中的应用进行了初步探索。曹志杰和冷伏海采用闭合式知识发现方法利用航天科技情报和生物医学领域的文献成功模拟了等离子体飞行器隐身技术的知识发现过程。付芸等将从专利文本中抽取的 SAO 结构与技术问题和解决方法进行匹配，根据"方法→问题←方法"这一知识发现逻辑关系寻找技术问题的创新解决方案。黄水清和马俊岭通过基于农业经济学文献的知识发现研究拓展了基于文献的知识发现理论在汉语社会科学情境中的应用。张晗等运用基于文献的知识发现方法帮助识别科研机构潜在的合作方向。

虽然目前基于文献的知识发现理论的技术专利和科学论文知识关联与发现研究并不多见，但根据本书 2.1.1 节关于科学与技术相关性的论断可知，将专利中的技术问题与论文中的技术方法进行关联并非不可能，因为科学既包含以认知为目的的基础科学研究中获得的知识，也有以实践为目的关于知识应用的知识。本书所界定的科学和技术知识以文本类型为划分依据，发表在科学论文中的知识被称作科学知识，记录在技术专利中的则为技术知识。根据传统知识理论对科学和技术的界定，科学和技术分别对应于基础和应用学科中的知识，这意味着本书所指的科学知识是传统知识理论中科学和技术知识的集合，也就赋予了科学文献知识应用属性。应用需要面向现实中存在的问题，能够解决技术问题的知识及在此基础上发展而来的创新技术产品才会具有商业价值，而整合科学和技术文献的知识发现之所以能够实现，其内在的逻辑就是因为专利和论文中均包含了解决现实问题的知识。

2.3　科学与技术的定量关联方法

2.3.1　基于引文的关联方法

基于引文的科学与技术关联是指将论文和专利分别作为两个领域的形式化表示，通过专利文本中的非专利引文著录项在具有知识相关的科学与技术文本之间建立知识链接，再结合文献计量或其他统计学方法，根据两类文本呈现的关联关系推演出两个领域的互动或发展模式。该关联方法通常是基于这样一种假设，即技术具有科学依赖性，技术的进步离不开科学的发展。由于科学论文被普遍认为涵盖了与科学研究相关的创新知识，专利文献记录了面向现实问题的技术发明成果，因此可以近似地将二者视为科学和技术的替代表示。

基于该关联方法的研究又可进一步归纳为三个主题，首先是通过揭示科学和技术的关联网络来跟踪特定领域的发展方向，辅助技术政策的制定或评估政策的实施效果。Murray 将基于非专利引文的定量研究方法和其他定性方法组合，解释了科学技术思想相互作用和共同演化过程。McCalman 指出，被专利频繁引用的高被引论文是发明专利的重要知识来源，与此同时，专利为科学发展提供了必要的条件和手段。Gao 等根据文本共被引研究了科学技术之间的相互作用与知识传播过程中的知识融合。Shibata 等分别构建太阳能电池领域专利和论文引文网络，通过文本聚类和专家解读在两类文本主题间建立关联关系，并将论文独有的研究主题识别为未来技术创新的主要方向。

另一类研究则关注对科学与技术交流强度的测量，Narin 和 Schmoch 发现科学与技术之间存在不同类型的相互作用，在将非专利引文频次作为作用强度的指标进行统计后发现，不同领域的关联强度存在差异。部分研究还在引文分析的基础上将论文中的项目和基金支持信息整合在一起，帮助理解科学研究的商业化、技术转让以及由此产生的知识溢出效应。例如，Glänzel 和 Meyer 通过非专利引文建立学科领域和技术领域间的联系后发现，应用科学对技术领域的影响力要高于基础科学对技术领域的影响力。最后一类是追踪科学和技术之间的知识流动。如 Huang 等在分析了燃料电池领域中科学与技术的相互关联和融合后发现，该领域论文与专利的交叉引用数量随着技术的发展而不断增加。

然而，根据非专利引文确立科学和技术文本之间的关联关系存在如下问题：首先，由于各国在非专利引文添加的规定上存在差异，并非所有的专利文本中都包含了非专利引文著录项，包含非专利参考文献的专利数量占到专利总量的30%到40%。其次，非专利引文同样存在引文偏好的问题，各国专利局授予的专利中非专利引文所占的比例存在差异，且 Lo 在其研究中指出，多数基因工程技术专利的专利权人为来自美国的机构，而在该领域专利的科学引文中，超过67%的期刊论文作者同样隶属于美国的机构。最后，非专利引文能否判定科学和技术文本之间存在知识相关性缺乏充足的依据，部分学者指出，非专利引文只能够表明专利与论文之间具有显性知识的相关性。此外，Van Els 等也认为，那些真正运用于技术创新工作中的科学知识也可以不在专利的参考文献著录项目中留下痕迹，因而将非专利引文作为关联科学和技术文本的间接指标似乎更为合适。最后，不同于学术论文参考文献的添加者仅为论文作者，专利发明人和审查员同样具有添加参考文献的权利，而不同添加者的引文动机会进一步增加非专利引文中的噪声。

2.3.2 基于内容的关联方法

基于内容的关联方法是指利用文本挖掘技术从科学论文和技术专利的非结构或半结构文本中抽取可用于表示文本内容的特征信息，根据特征的相似性在两类文本间建立关联关系进而确立科学与技术领域的联系，主要分为基于关键词、基于主题、基于SAO结构的文本关联方法。

Xu等根据论文和专利文本中的关键词共现、作者共现、非专利引文对从两类文本中识别到的主题进行关联。Shibata等和Xu采用相似的研究框架在科学论文和技术专利之间建立主题链接，包括主题提取、主题相似度计算、建立主题联系。但两个研究的主要区别在于前者是基于专利和论文各自的引文网络对文本进行聚类，再根据从每个聚类中提取到的关键词集合计算专利和论文聚类之间的相关性；而后者则是采用LDA模型在不考虑引文关系的前提下直接根据文本内容完成文本聚类（主题识别），再将两类文本的主题相似度计算问题转换成运筹学中货物运输最低成本的问题。基于SAO结构的关联方法是指从专利和论文文本中分别抽取主、谓、宾关系结构作为文档的特征向量，将SAO结构的相似性作为文本聚类的判断依据，再结合领域专家对聚类的解读确定科学和技术主题间的关联关系。

基于内容的关联方法主要不足在于结果高度依赖文本信息抽取的效果和领域专家解读。无论是基于引文网络的文本聚类还是以LDA为代表的主题模型均为无监督的学习方法，聚类结果需要结合专家意见进行反复尝试后才能确定。不仅如此，由于算法本身的特性，即便使用相同的参数和数据，同一个算法执行多次的结果也并不完全相同。此外，主题层面的知识关联只能停留在宏观和中观层面的分析，因为此类方法通常是在词袋模型基础上发展而来的，即在不考虑词间语义关系的前提下对文本进行聚类，类似地，聚类结果也为由不具有语义关系的词语集合构成，而能否顺利解读出主题之间的关联则很大程度上依赖专家的领域知识。

2.4 基于非专利引文的科学技术关联研究

2.4.1 非专利引文测量知识流动的有效性

科学如何促进技术创新是创新研究中的一个重要议题，自 Narin 等人 1992 年的开创性工作以来，大量的实证研究根据非专利引文在科学文献和技术专利之间建立的关联关系系统地研究了科学到技术领域的知识流动。部分研究对使用非专利引文追踪科学与技术间知识流动的有效性进行了检验。

Meyer 和 Persson 在对纳米技术专利的小规模案例研究中发现，非专利引文关系中的专利和论文之间不具有直接的知识产生和应用关系，后者更有可能只是为前者记录的技术创新成果提供了相关的背景信息。Tijssen 等认为，非专利引文能够表明科学研究对发明要素的重要贡献。Roach 和 Cohen 将企业专利数据与研发实验室获得的调查数据进行比较后指出，引文能够反映公共研究中可编撰成文的知识流动，却忽略了基础研究或其他个人知识的流动。此外，企业的专利申请策略也会影响参考文献的添加行为，这就导致知识流动测量结果存在由引文动机引起的指向性误差，因此两位作者认为，非专利引文仅能够表示知识在公共研究中的起源。

Callaert 等通过对 33 个比利时企业专利发明人的访谈后发现，绝大多数发明人认同非专利引文与发明专利是相关的，被引的论文至少提供了与发明相关的背景知识，但不足以被解释为科学与技术文本间具有直接关联。类似地，Nagaoka 和 Yamauchi 对日本发明人的调查结果显示，非专利引文并不一定意味着所引用的科学出版物是发明的直接或必要输出，而是技术发明背景信息和灵感的来源。但根据 Alcacer 等的统计，超过 40% 的专利引文由专利审查员添加，而在非专利引文中这一比例只占到了 10%，因而与使用专利引文测量技术知识流动相比，采用非专利引文测量的结果应更可靠。

2.4.2　非专利引文倾向研究

非专利引文中同样存在引文倾向的问题，而已有的研究结果显示，高被引的科学文献更有可能被专利引用。Hicks 的研究表明，对于被引用频次最多的 1% 的美国科学出版物，其被专利引用的可能性要比其他同类型出版物高出 9 倍。Popp 和 Ahmadpoor 的研究也对该结论表示认同，且他们进一步证实了这类文献被专利引用的时间要早于其成为高被引论文。在一项针对"睡美人"文献的研究中，研究人员发现与普通科学文献相比，那些存在科学研究认可时滞的论文被专利更频繁地引用，且发明人同为作者的自我引用情况也要少于普通文献。这意味着"睡美人"文献并不一定涉及新的研究问题，相反，这类文献更可能是对现有问题提供了新的解决方案，为新的应用打下了科学基础，因此才会更早地被专利"唤醒"。Veugelers 和 Wang 则通过非专利引文揭示了科学研究新颖性与技术影响力之间的正向关系，即高新颖性论文具有更高的直接和间接技术影响力。然而，Gittelman 和 Kogut 在分析了生物技术公司发表的学术论文和获得的专利后指出，重要的科学论文与高影响力的专利之间存在负相关关系。因为对于企业而言，利润对于技术的影响要远高于重要的科学研究带来的影响，一个科学研究可能对于学术共同体而言具有重大的意义，但并不意味着具有可商业化的经济价值，因此也并不一定会被引用。Wang 和 Li 对中美两国纳米技术专利的分析结果显示，中国的发明人在专利中更倾向于引用近期发表的高质量科学成果，但科学研究所属的学科范围并不宽泛。

2.4.3　基于非专利引文的指标评价研究

部分实证研究以专利文本作为研究对象，检验非专利引文是否可以作为衡量发明质量、发明人研发能力、测量知识流动的有效指标。在专利质量方面，Fleming 和 Sorenson 发现，具有非专利参考文献的专利与不具有该类参考文献的专利相比获得了更多的引用频次，但这一结果仅在难度较大的发明专利中成立。Cassiman 等发现专利的非专利参考文献并不能解释专利的向前引用，但非专利参考文献数量与专利的向前引用范围正相关。Wang和Li对中国纳米专利的研究结果也证实，广泛的科学引文范围和高水平的非专利参考文献并不能提高专利的质量。

在与非专利引文相关的科学文献研究中，Narin等观察到在美国专利与商标局授予的技术专利中，公共资助科学研究的被引数量增长迅速。Li在2017年的调查中发现，美国国立卫生研究院自主发表的科学研究中有30%被专利引用。但另外一些研究指出，专利对科学论文的引用并不多见，如Winnink等在调查了31 408篇与基因内区相关的期刊与会议论文后发现，只有约1%的文章被同领域技术专利引用。2017年，Ahmadpoor和Joones在对WoS和USPTO全库数据进行匹配后发现，数据库收录的3 200万篇学术出版物中只有1%是被专利直接引用，但80%的文献可以在经历2~3个科学引用后被专利间接引用，且引用的平均距离因学科领域而异，其中距离最近的领域包括纳米科学、材料科学、计算机科学、建筑学等，而数学这类基础学科的距离最远。

2.4.4 基于非专利引文的科学与技术相互作用研究

通过追踪专利的科学引文，部分研究揭示了科学研究与技术创新之间的作用关系，主要观点为科学研究对刺激产业创新做出了巨大的贡献。但同时也有学者对这一观点表示质疑，例如Appio等在其研究中就指出，科学与技术的相互作用并不总会带来有影响力的发明。针对上述观点存在的争论，本书作者在梳理了相关文献后发现，在科学与技术相互作用研究中增加组织、区域、部门等限定条件更为妥当。首先，不同机构从事的科学技术研究类型与申请专利的动机具有差异，例如高校申请的专利与其从事的科学探索性研究联系更为紧密，而公司申请专利则更多地出于商业目的。Branstetter从1983年至1986年间授予的专利中随机选择了3万条数据进行分析，发现其中约4 300项专利引用了科学论文，且随着时间的推移，非专利引文的数量是逐渐增加的。在被专利引用的科学论文中，约有65%的论文作者来自高校，而私营企业和非营利组织的论文分别只占到了24%和11%。对生物技术领域专利发明人的访谈结果也证实，机构间知识溢出的效应随着时间的推移而增加，且直接反映在了非专利引文的数量上。

其次，工业技术的地区发展异质性也会导致科学技术关联的结果有所不同。Acosta 和 Coronado 针对西班牙各地区科学与技术发展关系的研究显示，科学与技术之间的知识流动具有较明显的地区和部门特点，如在欧洲技术密集型产业中占有重要地位的马德里，由于该地区技术产业发展的专业化程度较高，科学知识在产业部门间的扩散也更为频繁；而在聚集了较多中低复杂程度技术行业的加泰罗尼亚地区，产业部门则很少利用科学研究来支持新技术的发展，而是更多依赖过去积累的技术知识。Wang 和 Li 的研究指出，与美国发明人申请的专利相比，中国发明者的专利更倾向于对较新的科学问题做出回应，这可能是因为中国更多关注新兴技术而不是成熟技术。尽管研究人员越来越多地注意到科学与技术关联存在的国家和地区差异，但多数研究也主要集中在以美国、欧洲、日本为代表的发达国家及地区。

最后，科学对技术发展的推动作用还存在部门和领域差异。例如 McMillan 等发现，生物技术产业中的专利技术比制药产业更依赖于公共科学研究。Popp 指出，生物燃料专利中引用的科学研究数量要高于风能领域的技术专利。Breschi 和 Catalini 发现与半导体技术领域相比，生物和激光技术专利中的非专利引文数量更多。Wang 和 Li 对纳米医疗设备技术领域的创新活动进行研究后发现，该领域科学与技术的联系日益密切，越来越多的纳米医疗技术是在科学研究的基础上发展起来的，科学在刺激技术方面发挥了重要作用。

2.5　科学论文与技术专利的信息抽取方法

2.5.1　信息抽取的对象

信息抽取是从非结构化和/或半结构化机器可读文档中自动提取结构化信息的信息处理任务，在多数情况下涉及人类语言文本的自然语言处理技术与方法的应用。科学论文和技术专利的信息抽取通常与信息检索和基于内容的文本分析任务相关，前者指利用抽取到的信息对两类文本进行索引以方便后续查找和利用，后者是将信息作为维度特征进行文本归纳和整理以形成对特定研究对象及对象间关系的清晰认识。常见的论文和专利信息抽取任务包括关键词抽取、命名实体抽取、关系抽取等。

关键词是一组能够充分描述文档重要信息的名词集合，就专利和论文而言，关键词可以是创新发明和科学研究的内容，也可以是解决技术或相关领域问题的方法与途径，还可以是技术手段或科学发现的实施情境。读者仅通过阅读文档的关键词就可以形成对文本内容的初步了解，这种将一段文本使用若干关键词进行表示的方法也被称作词袋模型。

关键词抽取是从文本中获取关键词集合的信息抽取任务，而将这类对文档内容具有表示性的词语分配给文档的过程叫作索引。随着数字文档存储的增长，关键词的索引极大程度节省了人们从海量数据中查找所需信息花费的时间和精力，由于学术论文和技术专利中包含大量可重复利用的科学知识与技术细节，高效的关键词抽取方法不仅可以提升大规模文本集合索引的效率，更为重要的是可以实现文本的精准查找，正因如此，基于专利和论文的关键词抽取研究引起了众多学者的关注。此外，虽然部分学者对基于关键词的文本表示方法提出了质疑，但不可否认的是，关键词依然是科学与技术文本最常见的分析单元，情报学研究中常见的 LDA 主题模型、主成分分析等聚类方法也都是在关键词抽取基础上进行的。

命名实体是一个真实世界中的对象，可以使用一个适当且统一的名字进行表示，常见的命名实体包括人名、地名、组织机构、产品等。命名实体识别是 1996 年由 Grishman 和 Sundheim 首次提出的，指从非结构化文本中定义专有名词或命名实体的过程，也是科学与技术文本挖掘工作中的一项基础性研究。除了在信息检索领域的广泛应用，命名实体识别也是机器翻译、问答系统等多种自然语言处理技术必不可少的组成部分。截至 2002 年，命名实体的类别就已经超过 200 种，而论文与专利文本中包含的命名实体则通常与特定领域的科学研究和技术细节相关，如学术论文中的领域术语实体蛋白质酶、药物、疾病、理论、化学实体等；专利文本中的技术与功能实体、情境与技术问题实体、属性实体、产品实体等。

关系抽取是自然语言处理领域中确保文本中信息和知识可以正确识别的重要环节,旨在将非结构文本中具有相关性的碎片信息进行重组织以形成一个可以表示两个实体间关系的元组。关系元组中的实体既可以是不具有明确类别属性的关键词或名词性短语,如句子主、谓、宾关系结构中的主语、宾语实体,也可以是命名实体,如具有抑制作用的药物与疾病实体。与关键词抽取和命名实体识别任务相比,关系抽取的结果融入了更多语义信息,除了可以用于特定关系集的查找,还可完成更为复杂的关系推理任务,例如科学论文中的知识发现和基于专利文本分析的发明问题解决。在基于论文和专利的技术创新研究中,最为常见的关系抽取是以句法解析为基础,并以主语和宾语及连接谓语构成的SAO三元组关系,表示为<Subject,Action,Object>。SAO的提出最先是被用于为特定的技术问题寻找可行的解决方案,S表示解决方案,AO表示待解决的问题。由于专利和论文中同样包含了类似的研究/技术问题与创新的解决方法,因而也可以与该结构中的实体及关系进行匹配,最终形成关于实体构成的系统及其功能的描述。

2.5.2 基于本体和规则的信息抽取方法

基于本体的信息抽取方法通常会使用到一个包含形式、含义,以及词语间关系的领域本体。在信息科学领域,本体可以被理解为一个知识仓库,其中存储了特定领域中存在的对象类型、概念、属性及其间的相互关系,是对特定领域共享概念及其间关系的形式化表达。此外,本体也可以被视作一种具有结构化特点的特殊类型术语集合或者词典,而基于本体的信息抽取方法就是将本体与文本直接进行匹配而完成的信息抽取任务,主要优势在于容易执行及高准确性。目前,已公开发布的本体包括生物医学领域的氨基酸本体、细胞周期本体、疾病本体、植物本体,社会科学与经济管理领域的历史文化类本体、电子商务本体,语言学领域的词汇参考本体、核心语言本体等。基于本体的信息抽取方法在生物医学领域的应用最为广泛,一方面,作为信息抽取对象的疾病、蛋白质、基因等概念或术语在文本中具有更为规范化的表达;另一方面,生物医学领域具有类型丰富的开放本体,采用本体进行信息提取时通常会产生较好的效果，因而被研究者广泛用于临床报告中的疾病，学术论文中的基因、蛋白质及其间相互作用关系的提取。

基于本体的信息抽取方法同样被应用于技术创新的研究。Ma等建立了小型的科学技术项目本体并将其应用于项目申请书的信息抽取任务，根据申请书间的文本相关性完成文本分类以方便项目评审。Kim通过构建技术功能及因果关系本体辅助识别专利文本中的发明原则及技术功能。Fantoni等构建了"功能—行动—状态"框架本体从专利文本中抽取需求、目标、功能、情境等七个类型的实体以快速而全面地描述特定技术领域的发展现状。陆佳伟通过一个技术功效导向领域本体完成了对金属有机化合物化学气相沉淀技术的专利文本分析，有效识别了技术空白点和突破点。

然而在技术创新研究中，基于本体的信息抽取方法并不是主流，主要问题在于符合信息抽取任务目标的本体并不容易获得，例如在前文所述的研究中，信息抽取的前提是领域专用本体存在，但技术创新研究通常是以特定的技术为分析对象，如果不存在直接可用的本体则必须自建本体，但本体构建是一项繁重的工作，需要较高的人力、时间、金钱成本。尽管许多研究已经提出了新的体系结构来促进本体的可重用性，但构建本体的花费仍是相当昂贵，这也就使得为每一个信息抽取任务建立一个本体变得不现实。

基于规则的信息抽取是指利用从语言学和语义知识中得到的启发式规则来进行信息抽取的方法。该方法的应用通常要结合上下文，即假定一个术语或概念属于特定的类别，通过上下文提供的线索能够帮助确定该信息即为抽取对象。规则可以通过手工或者计算机辅助的方法帮助确定。基于规则的信息提取方法由于具有可解释性、领域知识整合度强、抽取精度高等优点，在商业系统中有着较为广泛的应用。但该方法对领域专家知识具有极高的依赖性，且启发式规则通常为领域规则，无法直接扩展应用至其他领域。此外，从语言学的视角来看，由于词语的模糊性和句子结构的复杂性，制定一套通用的信息抽取规则也是难以实现的。

2.5.3　基于统计的信息抽取方法

在基于统计的信息抽取方法中，词语的筛选由其对应的权重所决定，常用的权重计算方式包括词频、词频—逆文档频率、交互信息等。基于词频的关键词抽取方法认为，在文本中频繁出现和强调的信息是重要的，这样的单词也更可能与其他重要术语相关联。TF-IDF是整合了词频和逆文档频率两个指标发展而来的词语权重计算方法。TF代表一个单词在一个文档中出现的总频次，而IDF是出现该单词的文档在文档集合中所占比例的倒数。包含一个单词的文档数量越少，文档频率越小，IDF越大。因此，如果一个单词频繁出现在一篇文档中且较少在其他文档中出现，那么TF-IDF的得分就更高，这样的单词越能将一篇文档与其他文档区别开来。Bookstein将泊松二项分布概率模型用于文档中相关术语的识别。Harter则提出了可索引性的度量指标以反映文档中词语的重要程度。Ortuño和Zhou根据关键词服从非均匀分布这一假设，采用聚类算法完成对关键词集合的识别。

基于统计的信息抽取方法在以论文和专利为分析对象的技术创新研究中有着广泛的应用。Yoon将从产品手册和专利文件中抽取的高频关键词融入技术的形态分析中，以此形成一套详细的关于产品和技术配置的技术地图以支持企业创新。郭宇等利用从期刊论文中抽取到的关键词对低碳技术领域的研究热点和前沿进行了系统分析。龚惠群利用从200篇机器人技术专利中抽取到的关键词构建"专利—关键词"二阶矩阵，采用主成分分析法对专利的关键词特征进行降维并投射于三维的技术地图中，将识别到的技术空白点作为技术创新的未来方向。党倩娜整合来自论文数据库、专利数据库、产业数据库的数据资源，从不同类型的文本中抽取高频关键词作为研究热点的替代表示，描绘大数据技术从萌芽到发展成熟不同阶段的研究热点，并总结技术创新的演进规律。基于词频统计的信息抽取方式的主要局限在于它是一种语料独立的方法，因此无法用于动态数据集的信息抽取任务；而基于词频分布模型的方法通常会使超过一半的原始文本信息被删减，进一步缩小了文本间的差异性。

2.5.4　基于机器学习的信息抽取方法

基于机器学习的方法是目前信息抽取领域的研究热点，可分为有监督的学习、无监督的学习、半监督或弱监督的学习三种。有监督的方法需要借助标注语料完成对信息抽取模型的预训练，一般的研究步骤包括选择一个机器学习模型并确定训练模型的特征模板，从标注语料中抽取相应的文本特征输入模型进行训练，如模型训练效果满意则将其应用于大规模的信息抽取任务。传统的有监督学习模型包括条件随机场、支持向量机、决策树、最大熵、隐马尔科夫模型、多层感知器等，近几年发展较为迅速的是结合长短期记忆网络和注意力机制的循环神经网络、卷积神经网络等深度学习模型。

在关键词和命名实体识别的信息抽取任务中，Sarkar的研究比较了包括朴素贝叶斯、决策树、人工神经网络三种模型对 210 篇论文执行关键词抽取任务的效果，结果表明人工神经网络的抽取效果要优于另外两种模型。Prokofyev 将决策树模型用于信息检索和物理学领域学术出版物的命名实体识别，发现使用 DBLP 和 DBpedia 外部知识库可以有效提高实体识别的效果。另一项类似的研究中，Yan 比较了采用词典和 CRF 模型对发表在 Journal of the ACM 期刊上的论文进行命名实体识别的效果，结果显示 CRF 模型与领域关键词词典结合的识别效果最好。

在基于深度学习模型的信息抽取方法中，CNN 能够对文本的字词层级信息进行较好表示，但仅能考虑字词前后有限范围内的信息，为此陈德鑫提出了可用于医疗实体识别的 CNN-Bi-LSTMs 深度学习框架，将 CNN 模型与更擅长解决序列标注问题的 Bi-LSTMs 模型进行整合以提高实体的抽取效率。Zhang 等首先将 RNN 应用于 Twitter 文本的关键词抽取，提出了一个由两层 RNN 组成的关键词生成和排序模型，一层用于区分关键字，另一层用于过滤关键字，在不同层中执行的子目标随后被合并到最终目标函数中。Wu 将可视化语义标注的概念融入关键词抽取任务中，再利用 Bi-LSTMs 对文档进行分类。Alzaidy 使用 Bi-LSTMs 来捕获词语的远距离信息并使用 CRF 来对序列标记依赖关系建模。Ray Chowdhury 等使用带有词嵌入的 Bi-LSTM 模型在与灾难相关的推文中实现了关键词抽取。

有监督的学习方法具有速度快、高精度和高召回率的优点，但通常以高昂的分类器训练成本为代价，特别是在训练语料的标注方面。一般来说，训练语料规模越大，模型的信息抽取效果越好，但前期的语料标注的工作量也就越大。深度学习框架多数应用于科学论文、推特、微博文本的信息抽取任务，因为数据库和网络社交平台能够提供足够的标注语料来训练深度学习模型。但大规模的语料可能存在数据稀疏问题，当没有足够多的特征在语料中出现时，模型的训练效果也会不理想。此外，该方法受到语法解析能力的限制，特别是对于没有较成熟语法解析工具的语言文本，在不能获得准确语言学特征的前提下，模型效果同样会受到影响。

相较于有监督学习方法对语料的依赖性，无监督学习的方法则更为灵活，多应用于数据类别不能预先确定的信息抽取任务。常见的步骤是通过预设词典、上下文、语义及其他统计学方法提取目标词汇的特征并聚类，再根据浅层关系、浅层主题、低排名假设等选择最符合假设条件的聚类作为信息提取目标。

该领域最为人们熟知的模型是 Mihalcea 和 Tarau 在 2004 年提出的 TextRank，该方法将文本表示为图的形式并结合词性信息对关键词进行抽取，获得了在 Inspec 数据集上 f-score 为 36.2% 的评测结果。Rose 在整合了 TextRank 的权重得分基础上提出了 RAKE，该模型中增加了停用词列表和词语邻接模块，前者用于剔除不可作为关键词的停用词，后者则防止关键词的误删。在另一项研究中，Wan 提出了利用邻域知识整合文本全局信息的关键词抽取方法，首先利用文档相关性技术将相邻的文档整合在一起，再基于关键词的图结构特征对候选词进行排序。

基于图的信息抽取方法通常将与其他节点具有强关联的词语作为候选词，为了避免漏选连接强度不高的关键词，Liu 等将 LDA 主题模型与 PageRank 算法结合提出了 PageRank 模型，在文本图的构建之前增加了主题识别的处理过程，将单词在主题中出现的频次信息融入词语的权重计算和排序。在近几年的研究中，Zhang 开发了一个集成有监督和无监督方法的关键词抽取系统，将广泛使用的五类文本特征集成到一个模型当中，包括单词的图结构与连接边特征、主题信息、候选词特征、先验知识。Alrehamy和Walker使用WordNet完成词语泛化以实现语义消歧，再结合其他自然语言处理模块对文本中的词语进行词性标注、分块等处理，通过单词邻接矩阵计算候选词的语义相关性并进行词语聚类，从每个聚类中选择范例构成候选词集，最后通过一组启发式的规则完成词语筛选。其他的无监督学习算法还包括DegExt、SwiftRank等，此处不再一一介绍。无监督学习方法最大的优势在于节省了人工标注语料的成本，这使得处理大规模复杂数据集合成为可能。作为代价，抽取效果通常需要领域专家的不断解读，并与启发式探索交替进行来完成，实际上增加了相当大的时间与人力成本。在本书2.3.5节将根据研究需要，对无监督学习方法中基于图的信息抽取方法进行单独介绍。

最后简单介绍一下半监督的机器学习方法，该方法也被称为弱监督学习，可以被简单地描述为利用少量有标注的初始数据集对分类器进行训练，再将分类器用于未标注数据分类的机器学习方法。与有监督学习不同的是，半监督学习的分类器的训练并不是一次训练完成的，而是需要反复进行迭代，在重复训练的过程中对分类器的效果进行提升。该方法的优势在于既节省了人力成本，又可以对抽取信息的类别进行控制，因而被广泛地应用于技术、事件、药物、疾病等复杂命名实体的抽取。

2.5.5　基于图的信息抽取方法

基于图的信息抽取方法常见于关键词抽取任务中，该方法将单词表示为图中节点，词间关系表示为边，对于给定的任意一段文本可将其表示为由点集合和边集合构成的图，再根据所构建文本图的特性（如社会网络相关的节点中心度或k-degeneracy等），采用不同节点权重计算方法对候选词的重要性进行排序，并从中选择高得分候选词作为文档的关键词。因此，对基于图的关键词抽取方法而言，抽词效果通常会受到数据预处理步骤、图构建方法、加权函数类型等多方面影响。

经典的基于图的关键词权重计算方法有PageRank和HITS，二者的节点权重计算方法都以特征向量的中心性为基础，并递归地定义一个节点的权值作为其在网络内部影响的一种度量。PageRank 是基于有向图的节点权重计算方法，一个节点的权重被定义为与其相邻且指向该点的节点权重之和，与此同时，节点又将其自身权重的一部分分配给该节点所指向的节点。在此基础上，Florescu 将单词在文本中的位置信息引入权重函数的构造中，这一算法基于这样一种假定，即越是重要的单词会越早地出现在一段文字当中，因此如果一个单词在文本中出现越频繁，且位置越靠前，其位置权重的得分也会越高。与 PageRank 将相邻节点权重纳入权重计算中不同，HITS 只根据节点在网络中的重要性定义了两种类型的重要节点：许多节点共同指向的权威节点和指向很多其他节点的中心节点。为了弥补上述算法对局部网络内聚性的忽视，Rousseau 将节点的核特征融入权重的计算当中，其主要思想是将主核的顶点作为文档的候选关键字集，而核是指文本子图中节点所具有的最小度数。Duari 在上述研究的基础上提出一个综合了单词文本内的层级、位置信息、语义连接性、语义强度四类特征的权重计算方法。

虽然图中节点间可以建立不同类型的边，但词语共现是最常见的词间关系。以共现关系生成文本图时，通常包含一个预设的词语共现滑动窗口，以此确定对词语共现的具体认定范围以及词语打分机制。Ohsawa 等提出了名为 KeyGraph 的方法，将词语共现图分割成若干个聚类，每个聚类表示一个具体的概念。聚类中的词语排序则采用基于概率的度量方式以量化每个单词与其所属聚类的紧密关系，并将高排名的词语作为关键词抽取出来。Mutsu 等证实了文本词语共现图具有小世界网络的特性，从而根据每个节点对小世界网络特征的贡献程度提出了 KeyWorld 的词语打分方式。TextRank 是最为流行的基于图的关键词抽取方法，该方法采用 PageRank 算法，将文本图的拓扑结构特征用于词语的加权。Litvak 和 Last 则提出了一个基于节点度的词语抽取方法，与 TextRank 相比，该方法的计算效率更高。另一个与 TextRank 类似的方法是 PositionRank，该方法将词语在文档中的位置信息融入候选词语的加权方法中，将出现在文本前端位置的词语赋予了更高的权重。在整合了各种最新的基于图的关键词抽取方法的基础上，Duari 提出了一个以相邻句子为词语共现窗口的词语网络，并采用将词语在网络中的层级、语义强度、语义关联、位置信息整合在一起的关键词加权方式，与已有方法相比，该方法不仅具有更好的关键词抽取效果，还减少了算法中人工设定参数的数量。

部分学者还将更为丰富的词间关系引入文本图的构建过程中。Moehrle等提出了一种基于英文句子"主语—谓语—宾语（subject-action-object，SAO）"结构的文本表示方法，即通过动词来定义两个关键词之间的关系。然而论文和专利文本中的动词数量和种类是不确定的，动词数量越多，图中连接边也越密集，这不可避免地增加了后续图运算的复杂性。此外，基于SAO结构的文本表示方法多关注技术系统组件之间的功能关系，这意味着对其他非动词连接词语间关系的忽视。为了能够在丰富词间语义关系的同时降低文本图的复杂性，An等将介词连接的语义关系引入文本图的构建当中，确定了由13个高频介词连接的五种技术术语关系：包含、目标、效果、过程、相似，并为每一种关系建立相应的关键词矩阵，再通过指定的词语加权方法完成明确关系类型的关键词抽取任务。

但与其他类型的关键词抽取方法一样，基于图的方法同样存在局限性。首先，在图构建和单词加权得分计算阶段，算法中的参数设定对于算法的效果具有至关重要的影响，例如共现窗口直接决定了两个节点之间是否存在边以及边的权重，较小的共现窗口会使得网络的连通性较差，较大的窗口则会使得边的权重差异过小，给具有网络结构特征的关键词抽取造成困难。因此，该参数的设定需要根据抽取方法、语料特征的不同而进行调整，无法给出一个统一的范围，需要研究者通过实验得出，无形中增加了关键词提取的工作量。

其次，重要的信息往往会在文档的摘要中得以呈现，专利和论文的摘要也常被用于关键词的抽取。然而，作为对文章主要内容的精简表述，摘要的篇幅不会过长，如信息科学领域的期刊 Journal of the Association for Information Science and Technology 就明确要求投稿论文的摘要不得超过300字，而对于某些自然科学或工程领域的期刊，文章的摘要由2~3个句子组成，如表2-2所示的文章摘要就只包含了2个句子。

在这种情况下，即便采用单个句子的时间窗口也同样会出现文本网络稀疏而降低算法效率的问题。

表2-2 学术论文摘要短文本实例

题目	摘要	词数
Quasi-holographic techniques in the microwave region	Various microwave processes, including synthetic-aperture radar and linearly frequency-modulated pulse compression, are described as analogs of holography. The holographic viewpoint often leads to a new understanding and to new methods of signal processing.	33
Polycationic dendrimers interact with RNA molecules: polyamine dendrimers inhibit the catalytic activity of Candida ribozymes	Various polyamine dendrimers with a triethanolamine core inhibit the activity of the Candida ribozyme by forming RNA-dendrimer complexes via electrostatic interactions.	21

资料来源 作者根据相关资料整理。

最后，无论采用何种长度的滑动窗口，窗口内词语的连接方式都以词语的共现为主，该种在节点间建立连接的方式虽然降低了对图进行运算的复杂性，但却忽略了词语间存在的语义关系。以文本挖掘技术为基础的论文或专利分析其价值在于通过抽取到信息之间的关系描述研究或发明内容，词语间关系的变化会改变一段文本的真实含义，而仅具有共现关系的关键词集合实际上增加了对文本内容理解的不确定性。虽然以动词和介词为基础的关系界定可以丰富文本图中的语义信息，但该方法的主要问题在于领域局限性，由于词间关系通常是借助领域专家知识预先设定的，当研究的学科或技术领域发生变化时，从原始领域中总结出的经验规则的可扩展性难以保证，需要重新组织专家进行评判和总结。

第3章 非专利引文文本知识相关性的可靠性研究

　　理解科学和技术领域的关系，对于促进科学发现向社会应用的转化，提高企业竞争优势，促进社会经济发展等都具有重要作用。因此，理解二者之间的复杂关系也一直是政府、科研院所、企业所关注的焦点。在相关的研究中，科学链接是量化科学研究价值及预测未来关键技术发展的重要指标，它通过计算科学研究与技术专利之间的耦合与协同效应为建立二者之间的关系提供现实依据。而在众多理解科学链接的研究当中，基于非专利引文的科学链接研究扮演着重要的角色，但与此同时，其也受到了相关学者的质疑。本书第2章重点列举了将非专利引文作为科学链接探索科学技术关联存在的问题，但无论是围绕引文动机、引文倾向，还是引文噪声的质疑，争论的核心都是施引专利和被引论文之间是否真的存在知识上的相关性，这一基本假设成立与否对于建立在非专利引文分析基础上的科学技术关联研究的可靠性至关重要，因为假设的成立实际上对科学与技术领域之间的知识扩散或技术转移的内在动因做出了解释，即存在引用关系的技术专利和科学论文中记录的知识是相关的。然而，目前的研究多采用半结构化深入访谈、调查问卷，或者基于随机抽样的专家打分方式对专利和论文知识或内容的相关性进行判断，无法对大规模的引文数据进行全面分析。因此，本章将采用向量空间模型计算专利及其科学文本之间的知识相关性，通过实验组和对照组的比较来检验非专利引文关系中的专利和论文文本是否真的具有知识相关性。

3.1 假设的提出

本章首先提出关于非专利引文关系中科学和技术文本知识相关性的假设：

H0：具有非专利引文关系的技术专利和科学论文知识不相关（$relatedness_{cite} \neq relatedness_{nocite}$），

H1：具有非专利引文关系的技术专利和科学论文知识相关（$relatedness_{cite} = relatedness_{nocite}$）。

在本书中，使用专利全文本和论文摘要间的文本相关性来表示两类文本的知识相关程度，并以3D打印技术为例进行实证研究来对本章提出的假设进行检验。如果具有非专利引文关系的论文与专利文本知识相关性在统计学上高于不具有非专利引文关系的文本间的知识相关性，则有理由认为非专利引文可以作为判断两类文本间存在知识相关性的依据。

3.2 数据采集与预处理

3.2.1 专利数据的采集

专利作为一种可靠的数据来源被广泛用于技术能力评估、研发投入与产出、技术创新管理等领域。由于专利文本中包含申请日期、发明人、技术细节等著录信息，因此常被用于识别技术趋势、预测新兴技术、评估创新主体的技术能力等技术创新管理领域的研究中。以

USPTO 为例，它的官方网站上收录了 2001 年 1 月至今在美国境内申请和授予的全部专利信息，网站每周都会打包上传新增的专利全文数据，这些专利文本包括美国国内大部分技术领域。专利的引文著录项包括专利和非专利两类参考文献项目，其中非专利参考文献还包括对网页、学术论文、新闻报道等非专利数据的引用。由于本章旨在探索将科学论文和技术专利间的引文关系用来判断两类文本知识相关的可靠性，因此本书所指的非专利引文仅代表技术专利对科学论文的引用，其他类型的非专利引文不在当前的研究范围内。

与学术论文文摘数据库具有明确且格式清晰的引文著录项不同，USPTO 的非专利引文项目中的数据格式并不统一，增加了非专利引文数据采集的难度。为此，本章在数据预处理阶段通过正则表达式从每一条非专利引文项目提取被引论文的题目，再将采集到的论文题目逐项输入谷歌学术中进行检索，得到论文发表的年份及摘要文本信息，具体的数据采集过程如下：

首先，与科学论文的采集过程类似，本章首先构建了 3D 打印技术主题领域的布尔检索表达式，再通过 INNOJOY 专利搜索引擎对该主题下 USPTO 中的专利数据进行检索，并将专利的授予时间限定为 2015年；其次，使用 python 语言，采用正则表达式匹配对非专利引文著录项中的论文题目进行提取和清洗，得到可用于下一步检索的候选论文题目列表；最后，将备选列表中的题目逐条输入谷歌学术中，采集论文的发表年份与完整摘要信息。

本章之所以将用于假设检验的非专利引文数据限定在 3D 打印技术领域，主要原因有三点：首先，3D 打印技术具有较为广泛的工业和消费用途，在分布式制造、规模化定制生产中具有传统制造方式无法替代的优势，因而在医学、食品、服装、交通等领域具有广泛的应用前景。也正因如此，众多的高精尖制造企业将发展 3D 打印技术作为企业未来的技术战略目标，在相关领域积累了丰富的专利成果。其次，相较于传统的减材制造工艺，3D 打印所使用的增材制造工艺更为复杂，涉及数字化处理、烧结、光刻、熔炼等多个领域技术，与材料科学、生物学、物理光学、电磁学、计算机科学等具有较为紧密的联系，因此也是高校及其他创新主体关注的热点，积累了大量可用于分析的科学文献数据。最后，情报学在3D打印相关的文献分析方面积累了较多的研究成果，以相同的技术为例能够便于将本书的研究结论与其他研究进行比较，更容易归纳出规律性的结论。

本章使用到的3D打印技术领域的检索表达式如下：（（Additive and （Manufactur% or Mfg% or Fab%））or （（3D or 3-D or （three-dimension%）or （3 adj dimension%）or 3-dimension%）and print%）or （Rapid and Proto%）or （（Laminated and Object and Manufactur%））or （（Electron and Beam and Freeform and Fab%））or （（Direct and Metal and Deposit%）or （Direct and Metal and Tool%））or （（Electron and Beam and Melt%））or （（Selective and Laser and Melt%））or （（Selective and Heat and Sinter%））or （（Digital and Light and Process%））or （Polyjet or （Poly and jet%））or （（Multi and Jet% and Model%）or （Multi and Jet%））or （3D and Print%）or （（Fused and Deposition and Model%）or （Fused and Filament and Fab%））or （（Direct and Metal and Laser and Sinter%））or （（Selective and Laser and Sinter%））or （（Stereo and Lithography%）or stereolithography%）or （Laser and Engineered and Net and Shap%））。最终检索到2015年全年授予的发明专利共计11 664项，提取非专利参考文献19 636项，经谷歌学术筛选得到有效的专利—论文引用项12 546条，包含1960年以后的科学论文共计9 605篇。

由图3-1所示的论文年代分布可知，在采集到的被引论文中，2000年至2009年发表的论文数量最高，约占数据总量的60%，其中2004年发表的论文数量最多为681篇，占全部数据的7.1%。在此基础上，进一步测量了专利授权年份与被引论文发表年份之间的时间间隔，即非专利引文的引文时滞，以此表示专利引用科学知识的新颖性。引文时间间隔越短，说明技术知识对新科学知识的依赖性越高，反之亦然。

引文数量

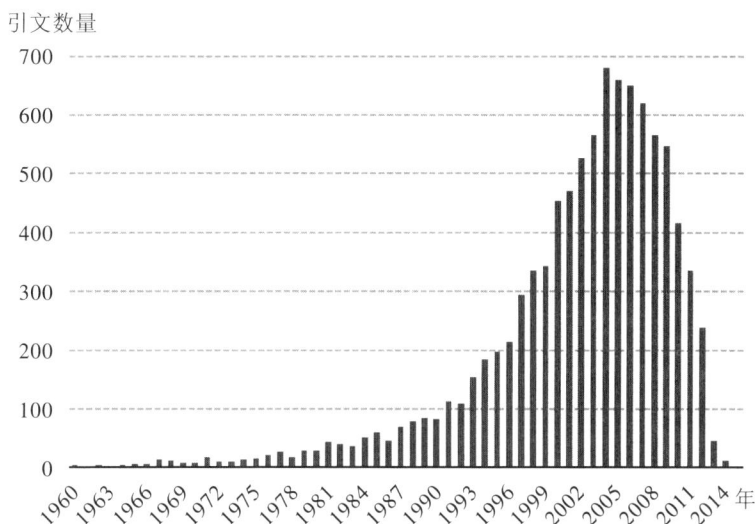

图3-1　非专利引文的年代分布

表3-1显示了本章使用到的3D打印数据非专利引文及引用时间间隔的统计数据结果。其中，在图3-2所示的引文分布中，包含1个非专利引文的专利数量占比最高，达到了数据总量的37%；单篇专利包含的非专利引文数最大值为194。与此同时，非专利引文的平均时间间隔为10.31年，这一结果高于Verbeek等学者以高科技领域专利为例分析得到的平均时滞为3年的分析结果。此外，还统计了从专利申请到专利授权所花费的时间，这一指标与非专利引文的引文时滞分布类似，但数据的分布更为均衡，专利授予的平均时长为3.47年。非专利引文的引文时滞分布如图3-3所示，专利申请周期分布如图3-4所示。

表3-1　　　　　　　　　　3D打印非专利引文统计

统计指标名称	平均数	标准差
非专利引用数量	7.47	16.05
非专利引用时间间隔	10.31	8.37
专利申请时间	3.47	2.10

资料来源　作者根据相关资料整理。

专利占比

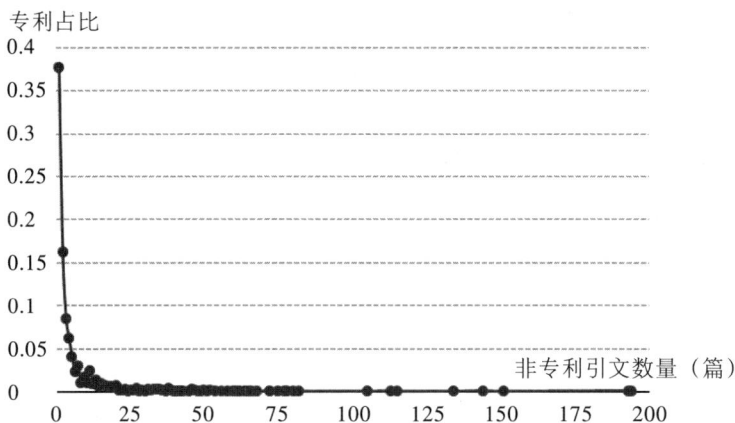

图 3-2   非专利引文数量分布

非专利引文比例

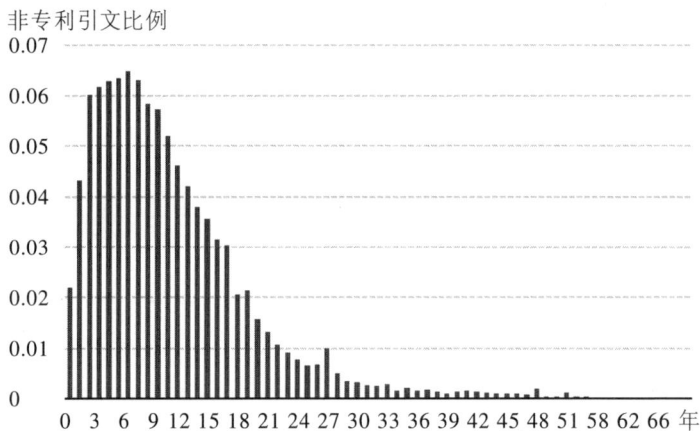

图 3-3   非专利引文的引文时滞分布

专利占比

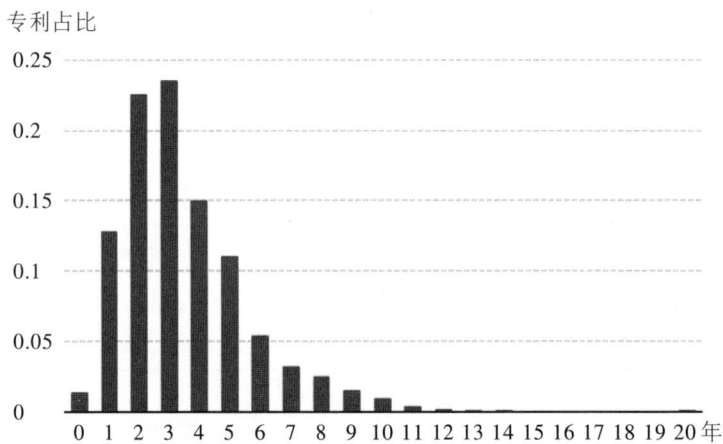

图 3-4   专利申请周期分布

3.2.2　论文数据的收集

本章将与专利文本不存在非专利引用关系的科学论文作为对照组对前一节提出的假设进行检验。在相关研究中，参考文献采用类似的假设检验方法，通过比较存在引用关系和不存在引用关系专利间的文本相关性，对专利引文作为知识链接的可靠性进行了检验。在有关研究中，作者在USPTO于2009年1月至2013年12月期间授予的实用型专利中，随机选择与被研究专利不具有引用关系的专利，并组合成对照组来比较引用关系样本与不具有引用关系样本对之间文本的相关性，然而在选择对照组的专利时，并没有对专利的领域或研究主题进行限定，而现实中专利申请书所引用的科学论文并不是随机选择的，采用随机抽样构成的引用对照组会导致非引用文献间的知识相关性低于实验组中文本间相关性的情况，即更大概率地拒绝原假设。

为了避免上述对照组样本选择所导致的分析误差，本章在对照组选择时，除了遵循与图3-1中非专利引用年代分布相同的抽样比例外，还将学术论文的主题限定在与专利相同的研究领域，采用与专利数据采集相同的检索表达式在Scopus数据库中进行检索，获得发表于1960年至2015年间的3D打印主题非综述期刊论文共计140 037篇。最终，以相同的年代比例随机抽取出12 546篇期刊论文，并与11 664篇专利随机组合得到12 546个不存在引用关系的"专利—论文"引文对，构成用于本章假设检验的对照组。

3.2.3　专利与论文文本的知识相关性计算

根据3.1节提出的假设，首先需要对施引专利和被引论文的知识相关性进行计算。尽管任意一篇专利和论文文本之间均存在知识相关的可能，但如果非专利引文能够作为判断两类文本知识相关的依据，具有非专利引文关系的文本知识相关程度应比不存在引文关系的文本知识相关程度更高，只有这样才能够拒绝原假设并接受备择假设；否则，只能够接受原假设，即认为无论专利和论文之间是否存在引文关系，两类文本知识同相关或同不相关。

常用的相关性计算方法可以概括为基于结构的方法和基于内容的方法。前者多见于文献计量领域的研究当中，常利用"专利—专利"或"论文—论文"引用的耦合关系来计算文章间相关性。在如图 3-5 所示的例子中，每个圆圈代表一篇具有引文关系的科学论文，对于文献 A 和文献 B，如果 A 和 B 同时引用了文献 C、D 和 E，则认为 A 和 B 存在引文耦合关系，引文耦合越多，则说明 A 和 B 越相关。这种基于引文的相关性计算方法还可以通过将引文网络中的节点替换为国家、领域、作者等实现对不同层级对象的知识距离测量。但由于完全不考虑文本内容的相关性，基于引文网络结构的相关性计算方法无法避免错误引用、负面引用、引文遗漏等引起的计算误差，因而基于内容的相关性计算方法逐渐成为该领域研究的重点。

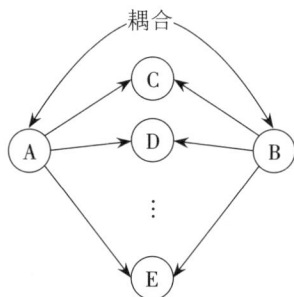

图 3-5　引文耦合关系示意图

基于内容的相关性计算是以文本挖掘技术为基础，通过词语共现来对不同文本间的相关性进行判断。常见的相关性计算方法包括向量空间模型、浅层语义分析、词嵌入、深度学习等。其中，向量空间模型是一种将文本文档进行代数表示的方法，该方法的主要思想是将每一篇文档表示为一个词向量，向量的维度由从文本中选择的单词集合大小决定，向量值可以设定为单词在文档中出现的频率，文档向量相加就构成了全部文档集合的向量空间矩阵，而文档间的相关性则可以通过文档间的余弦夹角测量得到。该方法在论文与论文、论文与专利、专利与专利的相关性计算中得到了广泛应用，无论与基于结构的方法还是其他基于内容的相关性计算方法相比，在运算速率和准确性上都具有不错的效果。

为了构建文本的向量空间模型，首先要对文档进行标引，即从文本中选出代表性的特征来描述一个文档，特征对应为文本中出现的词语。词语的选择实际上是一个信息抽取的过程，可采用基于词频、词频逆文档率（TF-IDF）、语法分析等加权方法对特征词进行筛选以避免特征向量冗余所引起的矩阵稀疏问题。在本章节，对于一组具有非专利引文关系的专利和论文a和b，可根据两个文本中出现的单词来分别构建它们的特征向量，并采用 TF-IDF 对单词进行加权，每一个文档向量可表示 $V(a) =$ $(tfidf_{t_1, a},\ tfidf_{t_2, a},\ ...,\ tfidf_{t_n, a})$ 和 $V(b) = (tfidf_{t_1, b},\ tfidf_{t_2, b},\ ...,\ tfidf_{t_m, b})$，其中 $tfidf_{t_i}$ 代表在文档中，单词 t_i 对应的 TF-IDF 值，由公式（3-1）计算得到。据此，a 和 b 的知识相关性由两个向量间的余弦值计算得到，使用欧几里得点积计算公式表示为：

$$tfidf_{t_i, a} = \frac{n_{t_i, a}}{\sum_k n_{t_k, a}} \times \log \frac{|D|}{1 + |D_{t_i}|} \tag{3-1}$$

在上述公式中，$n_{t_i, a}$ 为单词 t_i 在文档a中的频次，$\sum_k n_{t_k, a}$ 是文档a中出现的所有单词的数量，$|D|$ 为数据集中包含的文档数量，$|D_{t_i}|$ 是数据集中包含 t_i 的文档数量。

$$sim(a,\ b) = cos(V_a,\ V_b) = \frac{V_a, V_b}{|V_a||V_b|} \tag{3-2}$$

在 TF-IDF 加权得到的 VSM 模型中计算两个向量之间的余弦相似性，可以用于比较引用关系对和非引用关系对文本知识相关性的差异，并对原假设能否接受进行检验。

3.3 非专利引文的知识相关性的比较分析

与采集到的论文文本数据只有题目和摘要两部分内容不同，任意一篇专利文本可以划分为题目（title）、摘要（abstract）、描述（description）和权利要求（claims）四个部分。首先利用 python 编程语言计算实验组（"专利—论文"引用对）中专利及论文题目的相关性，再计算专利摘要、描述和权利要求与论文摘要的相关性，最后再将两个文本中的内容进行整合计算全局内容的相关性，对照组中非引文关系的专利和论文处理过程与实验组相同。

3.3.1　局部内容的相关性比较结果

表3-2至表3-5展示了基于局部内容分析的知识相关性计算结果，得分越高意味着两个文本中知识的相关程度越高。由表3-2的专利和论文题目相关性得分分布可知，在实验组12 546个非专利引文样本中，有16组样本的题目相关性得分为1，而对照组中相关性的最高得分位于0.7~0.8区间内，这意味着具有非专利引文关系的文本题目比不具有引文关系文本题目更为相似。此外，在实验组中，60.77%的样本题目相关性得分为0，而对照组中该得分的比例高达92.41%，即后者包含了更多题目完全不同的情况。与此同时，实验组中39.23%的题目相关性得分高于等于0.1，相同得分区间对照组中的比例仅为7.57%。前者在相关性较高的0.7~0.8区间内的样本比例为1.79%，而后者为0.02%，由此可以看出，具有非专利引文关系的专利与论文题目间具有较高的相关性。

表3-2　　　　引用和非引用关系的专利与论文题目相关性

相关性得分区间	题目—题目			
	实验组（数量）	百分比（%）	对照组（数量）	百分比（%）
1	16	0.13	0	0.00
[0.9，1)	3	0.02	0	0.00
[0.8，0.9)	69	0.55	0	0.00
[0.7，0.8)	225	1.79	3	0.02
[0.6，0.7)	295	2.35	4	0.03
[0.5，0.6)	1 088	8.67	36	0.29
[0.4，0.5)	1 256	10.01	144	1.15
[0.3，0.4)	1 591	12.68	369	2.94
[0.2，0.3)	359	2.86	292	2.33
[0.1，0.2)	21	0.17	102	0.81
(0，0.1)	0	0.00	3	0.02
0	7 624	60.77	11 594	92.41

资料来源　作者根据相关资料整理。

表3-3展示了技术专利和科学论文摘要之间的相关性得分分布。对于实验组中的非专利引文数据，只有5.48%的样本其摘要的知识相关性

得分为 0，而对照组中相同得分的样本数量超过总量的 20%。在其他得分区间上，实验组中 79.42% 的样本得分高于等于 0.1，而对照组的比例仅为 22.47%；在较高得分区间上，虽然实验组中摘要知识相关性高于等于 0.6 的比例仅为 1.56%，但对照组在该区间上不存在样本。从上述摘要相关性得分分布情况中不难发现，具有非专利引用关系的专利与论文摘要的知识相关程度要高于不具有引用关系的摘要文本。

表3-3　　　　引用和非引用关系的专利与论文摘要相关性

相关性得分区间	摘要—摘要			
	实验组（数量）	百分比（%）	对照组（数量）	百分比（%）
1	0	0.00	0	0.00
[0.9，1)	1	0.01	0	0.00
[0.8，0.9)	3	0.02	0	0.00
[0.7，0.8)	36	0.29	0	0.00
[0.6，0.7)	156	1.24	1	0.01
[0.5，0.6)	484	3.86	5	0.04
[0.4，0.5)	1 135	9.05	24	0.19
[0.3，0.4)	2 021	16.11	123	0.98
[0.2，0.3)	2 897	23.09	470	3.75
[0.1，0.2)	3 231	25.75	2 196	17.50
(0，0.1)	1 896	15.11	7 165	57.11
0	688	5.48	2 562	20.42

资料来源　作者根据相关资料整理。

　　由于专利文本中包含了期刊论文所没有的描述与权利要求项目，本节还进一步比较了论文摘要与专利描述和摘要文本的相关性。考虑到论文题目与专利的描述和权利要求文本长度差异较大，且较短的题目文本内容会导致相关性得分集中在较小的取值范围内，无法很好地区分实验组和对照组之间的差异，本章不再进一步计算论文题目、专利描述、权利要求三者之间的知识相关性。论文摘要与专利描述、权利要求内容的相关性计算结果如表3-4和表3-5所示。

表3-4　　　　引用和非引用关系的专利描述与论文摘要相关性

相关性得分区间	摘要—描述			
	实验组（数量）	百分比（%）	对照组（数量）	百分比（%）
1	0	0.00	0	0.00
[0.9，1)	0	0.00	0	0.00
[0.8，0.9)	0	0.00	0	0.00
[0.7，0.8)	262	2.09	0	0.00
[0.6，0.7)	876	6.98	0	0.00
[0.5，0.6)	1 371	10.93	0	0.00
[0.4，0.5)	2 130	16.98	29	0.23
[0.3，0.4)	2 655	21.16	146	1.16
[0.2，0.3)	2 771	22.09	817	6.51
[0.1，0.2)	1 400	11.16	3 618	28.84
(0，0.1)	962	7.67	7 732	61.63
0	117	0.93	204	1.63

资料来源　作者根据相关资料整理。

与题目—题目、摘要—摘要的知识相关性得分分布不同，摘要—描述、摘要—权利要求的知识相关性得分更为集中。如表3-4所示，在所有非专利引用对中，不存在论文摘要和专利描述相关性得分高于等于0.8的样本，超过40%的样本相关性得分处于 [0.2，0.4) 这一区间，全部样本的得分均值为0.35，标准差为0.17。而在不具有引用关系的对照组中，所有样本得分都分布在 [0，0.5) 区间内，61.63%的样本得分低于0.1，样本均值为0.093，标准差为0.069。类似地，表3-5列出了论文摘要与专利权利要求的相关性计算结果。在具有引用关系的论文与专利文本对中，知识相关性得分区间为 [0，0.8)，虽然文本内容完全不相关的引用对占到了样本总量的0.21%，但在超过70%的引用对中，两类文本的相关性得分低于0.4，样本均值为0.25，标准差为0.134。在对照组中，超过8 000个样本相关性得分在（0，0.1）区间，样本均值为0.076，标准差为0.067。

表3-5　　引用和非引用关系的专利权利要求与论文摘要相关性

相关性得分区间	摘要—权利要求			
	实验组（数量）	百分比（%）	对照组（数量）	百分比（%）
1	0	0.00	0	0.00
[0.9，1)	0	0.00	0	0.00
[0.8，0.9)	0	0.00	0	0.00
[0.7，0.8)	0	0.00	0	0.00
[0.6，0.7)	103	0.82	0	0.00
[0.5，0.6)	541	4.31	0	0.00
[0.4，0.5)	1 030	8.21	0	0.00
[0.3，0.4)	2 653	21.15	129	1.03
[0.2，0.3)	3 169	25.26	489	3.90
[0.1，0.2)	3 400	27.10	3 194	25.46
(0，0.1)	1 623	12.94	8 115	64.68
0	26	0.21	619	4.93

资料来源　作者根据相关资料整理。

　　上述两组实验表明，具有非专利引用关系的论文摘要与专利描述、权利要求的知识相关性得分要高于不具有引用关系的知识相关性。图3-6绘制了四类局部文本内容的相关性得分分布，其中实线表示具有非专利引用关系的实验组样本得分，虚线为不具有引用关系的对照组样本得分。将相同颜色的实曲线与虚曲线进行比较，题目—题目、摘要—摘要、摘要—描述、摘要—权利要求引用和非引用知识相关性得分曲线的交点分别位于0.25、0.15、0.2和0.15附近。换言之，当样本的相关性得分高于上述阈值时，实验组中样本的分布密度要高于对照组。在本章的3D打印实例中，具有非专利引文关系的专利与论文之间，四类局部内容的相关性得分较多分布在较高的得分区间，与之形成对比的非引用关系知识相关性都处于较低的得分区间。

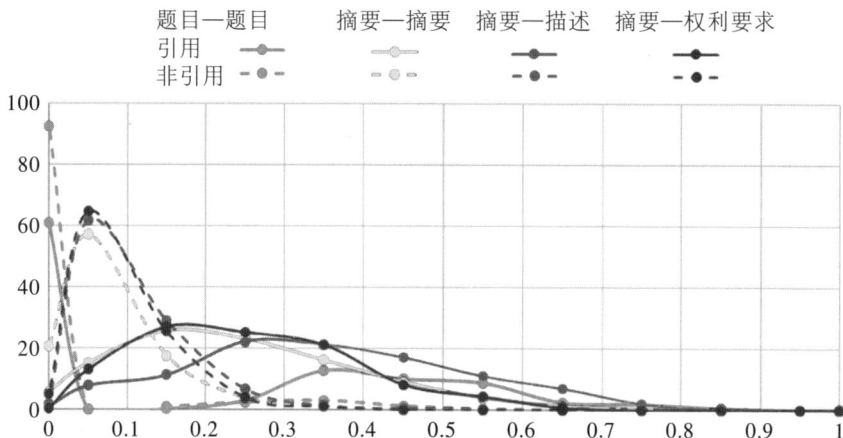

图3-6　局部内容相关性得分分布

3.3.2　全局内容的相关性比较结果

本节将3.3.1节研究的题目、摘要、描述与权利要求四类短文本进行整合，计算专利和论文全局内容的知识相关性。专利文本虽然包含了长度和功能各不相同的文本内容，但是内容之间依然存在关联。专利题目重点突出了创新主题，摘要则是对创新内容的精简与概述，描述是对发明的详细说明和解释，权利要求则是一项关于专利保护范围的陈述。相比之下，本章节中论文内容的整合则更为简单，只需包括题目和摘要两个部分。

在计算非专利引用关系文本全局内容相关性时，还需要考虑各类局部内容的区别和关联，本节根据各类局部内容相关性的Pearson相关系数来对各组块内容进行整合，以测量专利和论文引文对之间的全局相关性。表3-6列出了专利和论文各局部文本内容的相关系数得分，由于并不是任意一篇论文和专利之间都存在引用关系，因此在进行局部知识相关性相关系数计算时，以对照组中不具有引用关系的专利和论文间的相关性得分为比较基准，在此基础上，使用公式（3-3）和公式（3-4）对专利和论文中的四类和两类局部文本内容进行整合以计算得到两类文本的全局相关性：

$$V_{golbal} = w_{tt}V_{tt} + w_{aa}V_{aa} + w_{ad}V_{ad} + w_{ac}V_{ac} \qquad (3-3)$$

$$w_j = \frac{C_{i,j}}{\sum_{i=1}^{4} C_{i,j}} \text{ 且 i, j = 1, 2, 3, 4} \qquad (3-4)$$

在上式中，w_a 和 w_t 分别对应专利和论文的不同题目与摘要部分，V 为局部文本内容的相关性计算得分。

表3-6　　　局部知识相关性得分的Pearson相关系数矩阵

	题目—题目	摘要—摘要	摘要—描述	摘要—权利要求	合计
题目—题目	—	0.196	0.125	0.169	0.490
摘要—摘要	0.196	—	0.548	0.480	1.224
摘要—描述	0.125	0.548	—	0.609	1.282
摘要—权利要求	0.169	0.480	0.609	—	1.258

资料来源　作者根据相关资料整理。

根据表3-6的相关系数矩阵可知，相关系数总和为4.254，其中题目—题目的系数总和为0.490，根据式（3-4）可计算得到 $w_{tt} = \frac{0.49}{4.254} = 0.115$，$w_{aa} = \frac{1.224}{4.254} = 0.288$，$w_{ad} = \frac{1.282}{4.254} = 0.301$，$w_{ac} = \frac{1.258}{4.254} = 0.296$。将上述参数带入公式（3-3）当中，并用该式计算专利—论文引用和非引用对的全局相关性得分，结果如表3-7所示。

表3-7　　　引用和非引用关系的专利论文全局内容相关性

相关性得分区间	实验组（数量）	（%）	对照组（数量）	（%）
1	0	0.00	0	0.00
[0.9, 1)	0	0.00	0	0.00
[0.8, 0.9)	0	0.00	0	0.00

续表

相关性得分区间	实验组（数量）	（%）	对照组（数量）	（%）
[0.7，0.8)	0	0.00	0	0.00
[0.6，0.7)	29	0.23	0	0.00
[0.5，0.6)	700	5.58	0	0.00
[0.4，0.5)	1 371	10.93	0	0.00
[0.3，0.4)	2 363	18.84	29	0.23
[0.2，0.3)	3 443	27.44	379	3.02
[0.1，0.2)	3 239	25.81	2 334	18.60
(0，0.1)	1 400	11.16	9 803	78.14
0	0	0.00	0	0.00

资料来源　作者根据相关资料整理。

在实验组中，约11%的样本其全局相关性得分低于0.1，而在对照组中，相同区间上的样本比例为78.14%，这一数值要远高于实验组的计算结果。在 [0.2，0.4) 的得分区间上，实验组中的样本比例约为46.28%，对照组仅为3.25%。这意味着具有非专利引用关系的专利和论文与不具有引用关系的专利和论文相比，前者的绝大多数样本全局相关性得分要高于后者。

结合图3-7所示的知识相关性分布来看，当相关性得分高于0.15时，非专利引用文本的分布密度要高于不具有引用关系的文本样本分布。其中，实验组超过88%的样本得分大于等于0.1，而对照组中该比例仅占到了21.85%，即非专利引文关系中多数样本的相关性分布在相对较高的得分区间，而后者中的多数样本分布在较低的得分区间。综合上述研究结果，在本章所研究的3D打印实例中，绝大多数（88.83%）非专利引文可以表示技术专利和科学论文两类文本之间的知识链接，但仍有一小部分的非专利引文（11.16%）由于知识相关性得分较低（<0.1）不足以表示二者之间的联系。

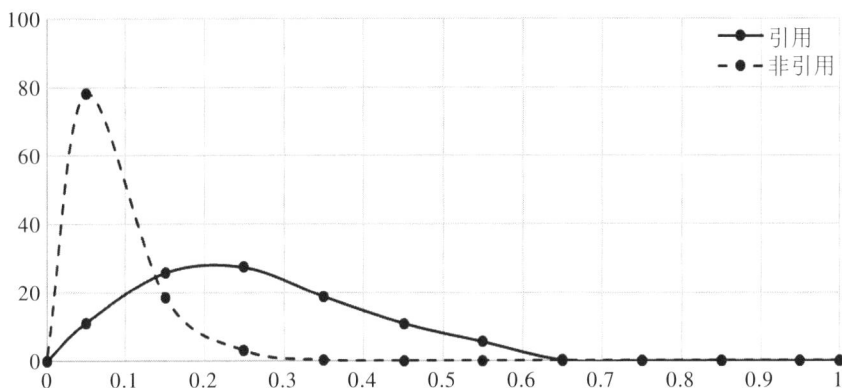

图 3-7　全局内容相关性得分分布

3.3.3　基于非专利引文的专利与论文主题相关性分析

从前两节的分析结果来看，并不是所有具有非专利引文关系的专利和论文其知识的相关性都较高。从图 3-6 和图 3-7 可知，实验组中绝大多数样本的相关性低于 0.5，而导致上述结果的主要原因可能有两个。第一个原因是 VSM 方法计算得到的技术专利和科学论文知识相关性结果不够准确，算法的不足主要表现在相关性的得分与被比较文本的词语共现数量存在正相关关系，即两个文本中共同提及的词语越多，相关性得分越高。对于技术专利和科学论文两类文献，由于书写目的和用途各不相同，因而在词语的使用方面存在一定的差异。较为极端的情况是虽然两个文本所提及的知识是一样或极为相关的，但所用的词语却完全不同。此时，即便具有非专利引用关系的专利和论文知识确实是相关的，但通过此种方法仍难以度量。第二个原因则是 VSM 方法计算得到的知识相关性能够正确反映知识的相关性，但两个文本中记录的知识内容是不相关的。在上述两种情况中，由相关性计算方法所引起的对实际上知识相关的专利和论文的误判被称为第二类错误，即在较低的知识相关性得分区间上，接受了本是错误的原假设。为了弥补算法的不足，本节利用 LDA 模型从实验组样本中提取主题，结合专家意见比较两类文本知识内容的关联及差异，再结合文本的主题隶属度和主题间非专利引文连接数量来对主题的相关性进行计算。

概率主题模型是一种用于抽取文本文档研究主题的生成式模型，如潜在狄利克雷分布（latent Dirichlet allocation，LDA）、动态主题模型（dynamic topic model，DTM）、分层狄利克雷过程（hierarchical Dirichlet process，HDP）等。此类模型基于这样一种观点：文档是由若干个主题混合而成，每个主题又由若干个单词组成，因此，可以将每个主题近似看作若干单词所服从的特定概率分布。在使用生成式模型实现基于研究主题的文本分类时，首先需要训练得到每个主题的初始分类模型，再将待分类对象和已训练得到的模型进行比较，最终选择概率最大的模型作为一篇文档研究主题的分类结果。

在相关研究中，LDA是一种常见且被广泛应用的生成式主题模型，其主题生成的逻辑如下：（1）在若干文档所组成的文档集合中，每个主题都对应着一个单词分布函数；（2）每个文档以一定的概率围绕上述主题进行写作；（3）在确定文档集合所包含的主题后，只需以一定的概率选择主题下所包含的单词写入文档即可，而现实的主题生成过程则是上述逻辑顺序的反推过程。假设文档中的主题和主题中的词语的先验分布服从狄利克雷分布，对于任意文档 $m \in [1, M]$，从参数为 α 的文档主题狄利克雷分布中抽样生成文档 m 的主题多项分布 θ_m（$\theta_m \sim \text{multi}(\bar{\alpha})$）；为了获得主题中的词语，从文档 m 的主题分布中选择一个主题 $z_{m,n}$（$m \in [1, M]$，$n \in [1, N]$，N 为文档集合中的单词数量），从特定主题的多项分布 $\varphi_{z_{m,n}}$ 中抽样生成该主题对应单词 $w_{m,n}$ 的概率；类似地，从参数为 β 的狄利克雷分布中抽样生成单词在特定主题上多项分布 φ_k（$k \in [1, K]$），最后采用例如 Gibbs 抽样或期望最大化等方式估算出超参数 α 和 β 的近似取值。

本节使用 LDA 模型从具有非专利引用关系的 3D 打印专利与论文的摘要和题目文本中分别抽取 10 个主题，主题序号及主题内排名前 10 的关键词如表 3-8 所示，通过对各主题内的关键词进行比较分析后得到如下结果。

表3-8　　　　　　　　　专利与论文文本中的研究主题

专利文本		论文文本	
序号	关键词	序号	关键词
1	light, optic, imag, signal, system, method, digit, object, gener, modul	1	cell, patient, studi, tissu, human, effect, treatment, boold, activ, clinic
2	particl, color, method, substrat, devic, print, energy, process, surfac, compon	2	devic, cell, film, high, effici, light, layer, transistor, solar, organ
3	circuit, electr, antenna, substrat, surfac, devic, print, coupl, conduct, plural	3	use, process, materi, print, fabric, applic, technolog, pattern, substrat, surfac
4	imag, print, system, devic, document, surface, microphon, sensor, substrat, mount	4	system, data, applic, comput, process, algorithm, user, imag, design, recognit
5	imag, data, system, display, print, captur, embodi, pixel, present, process	5	flow, droplet, particl, liquid, sampl, pressur, microfluid, fluid, separ, surfac
6	method, system, print, surfac, patient, characterist, sid, Ga, liquid, flow	6	protein, antibody, structur, bind, enzyme, molecular, acid, complex, peptid, base
7	composit, form, ink, compris, group, metal, polym, compound, process, materi	7	polym, acid, membran, poli, properti, solut, water, copolym, polymer, drug
8	layer, method, materi, form, substrat, electrod, semiconductor, structur, metal	8	surfac, film, temperatur, use, oxid, deposit, layer, metal, heat, nanoparticl
9	devic, commun, network, signal, system, data, user, wireless, inform, power	9	imag, use, optic, measur, method, resolut, light, fiber, time, puls
10	method, process, print, piezoelectr, mask, pixel, invent, frame, data, apparatu	10	power, use, design, frequenc, system, antenna, sensor, present, oper, perform

资料来源　作者根据相关资料整理。

在专利文本生成的 10 个主题中，主题 1、4、5、10 均与图像处理相关。主题 1 涉及图像的光学数字信号生成，主题 4 关注的是图像打印系统，主题 5 为图像数据的显示与捕捉，主题 10 是基于电场中压电片伸缩原理而实现的图像显示。从打印对象上看，主题 2 为粒子团块的着色与衬底的打印过程，主题 3 为电路系统的打印。从打印过程使用的材料来看，主题 6 关注 3D 打印在医学上的应用，特别是根据患者特点而进行的钙基础液态材料的增材制造过程；主题 7 为金属及其他化合物作为打印喷墨的铸造材料；主题 8 为与半导体材料相关的衬底成形研究。与上述提及的主题不同，主题 9 涉及的研究为无线信号的传输网络。

类似地概括出论文文本生成的 10 个研究主题。主题 1 与 6 是与生物医学相关的研究主题，其中主题 1 为与人体细胞、组织相关的病人临床治疗，主题 6 为蛋白质、生物酶、抗体等大分子化合物的研究。主题 2 为高性能有机太阳能电池研究。在剩下的研究主题中，主题 4 和 9 分别为与计算机系统相关的数据处理算法和光学成像的测量方法。主题 3、5 和 10 为与制造过程相关的计算机控制系统设计，其中，主题 3 为与衬底相关的材料打印；主题 5 为喷涂材料的液滴控制；主题 10 为与功率相关的传感器和天线设计。主题 7 为酸及其他聚合物水溶液的分离研究，主题 8 则为与温度和沉降相关的金属薄膜研究。

为了进一步区分两类文本在研究关注点上存在的差异，采用 Griffiths 和 Steyvers 开发的主题遍历性指标计算每个主题涵盖的文本比例。对于文档集合 N 生成的每一个主题 j，它的主题遍历性 Pop（j）可以通过累加每一篇文档的主题隶属度 $\theta_{d,j}$ 得到，计算公式见式（3-5），然后将各主题的遍历性得分绘于图 3-8 中。在图 3-8（a）所示的专利主题当中，主题 4 的遍历性最低，主题 5 的得分最高，其他高遍历性主题还包括主题 3、6、10，与此同时，主题 7 与 9 的遍历性相对较低。图 3-8（b）为论文主题的遍历性计算结果，与专利文本的各主题相比，论文主题的遍历性差异更为明显，其中主题 3、4、10 为低遍历主题，主题 5 的得分比排名第二的主题 8 高出近 25%。由此可以看出，两类文本都涉及与生物医学、图像处理与计算机控制系统、材料属性等主题相关的研究内容，但专利与其引用的论文在上述主题中各有侧重。

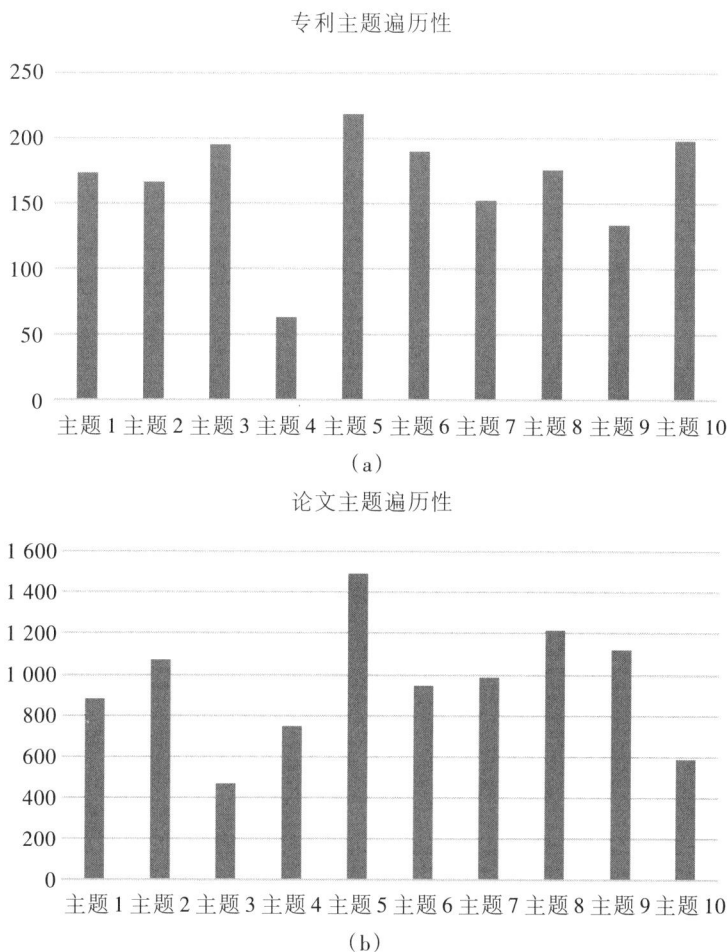

专利主题遍历性

（a）

论文主题遍历性

（b）

图 3-8　专利与论文主题的遍历性得分

$$Pop(j) = \sum_{d \in N} \theta_{d, j} \qquad (3-5)$$

首先，专利文本所提及的研究对象、创新内容与应用场景是较为宏观的，侧重对发明整体性的描述。在基于专利文本生成的研究主题中，system、method、process、device 等名词所指代的发明对象具有更高的应用潜力，可操作性也更强，专利的题目与摘要侧重对发明整体性的描述，如标题为"Droplet actuator devices and methods"专利的创新对象是设备与方法，"droplet"和"actuator"则将这一设备与方法限制在了液滴驱动研究领域。而在论文所生成的研究主题中，细分领域的研究对象或属性则更为普遍，如主题8涉及材料铸造的温度，主题6则涵盖了与人体免疫系统密切相关的抗体、蛋白质、生物大分子等内容。

其次，主题相似度较低的专利与论文主题间也可以具有内在知识相关性。例如专利主题6和论文主题1、6同为生物医学相关的研究主题，若采用向量空间模型对3个主题的相关性进行计算，由于主题之间的关键词共现数量较少，计算得到的主题相似度会较低。然而，在查阅相关文献后可以发现，3个主题之间具有内在的知识相关性。专利主题是3D打印技术在患者个性化定制方面的应用，特别是基于钙元素的打印与铸造，而患者这一关键词的出现则意味着该主题的研究内容与临床医学相关。与基础医学不同，临床医学是根据病人的临床表现而对疾病的病因、发病机理和病理过程进行诊断、预防和治疗的医学门类，基础医学和临床医学之间的关系与基础科学和应用科学类似。相应地，论文主题1同样是与临床医学相关的研究主题，但其更关注人体组织与血液方面的治疗。由于钙元素是构成人体骨骼的重要成分，且铸造的骨骼需要移植到体内，并会引起免疫系统的排斥反应，因此骨骼的3D打印必然会涉及免疫学知识，而论文主题6正是与免疫系统有关的蛋白质、生物酶等对象相关的研究主题。

为了检验非专利引文能否在专利主题6和论文主题1、6之间建立联系，本节根据专利和论文在各自主题中的隶属度，构建了专利主题i和论文主题j之间非专利引文强度指标（如公式（3-6）所示），以此反映两类文本主题内容相互关联的程度。在两个主题中包含的具有非专利引用关系的专利—论文引用对越多，文档的主题隶属度越高，主题间的非专利引文强度也就越高，指标计算结果如表3-9所示。

$$\text{Strength}_{\text{nonpatent}}(i, j) = \frac{\sum_{d_{k,j}, d_{t,j} \in C} \theta_{d_{k,j}} \theta_{d_{t,i}}}{\sum_{k=1}^{m} \theta_{d_{k,j}} + \sum_{t=1}^{n} \theta_{d_{t,i}}} \tag{3-6}$$

上式中，C代表具有非专利引用关系的专利与论文文本对集合；θ_{d_k}是论文文档k对于论文主题j的隶属度；θ_{d_t}是专利文本t对于专利主题i的隶属度；m和n分别为论文与专利文本的数量。

表3-9　　　　专利与论文研究主题的非专利引文强度矩阵

专利＼论文	主题1	主题2	主题3	主题4	主题5	主题6	主题7	主题8	主题9	主题10
主题1	0.0259	0.0259	0.0986	0.0762	0.2166	0.0460	0.1540	0.0338	0.0135	0.0602
主题2	0.0996	0.0487	0.0684	0.2414	0.0295	0.0661	0.0801	0.2467	0.0713	0.2424
主题3	0.0800	0.0653	0.1688	0.0909	0.2523	0.1536	0.1062	0.0369	0.0643	0.0683
主题4	0.0169	0.0315	0.0437	0.0121	0.0565	0.0389	0.0366	0.0307	0.0332	0.0291
主题5	0.1907	0.0822	0.0441	0.0886	0.0253	0.0967	0.0804	0.2274	0.2923	0.0662
主题6	0.0616	0.2905	0.0973	0.1086	0.0731	0.0990	0.0804	0.0360	0.0472	0.0612
主题7	0.1092	0.0797	0.0399	0.0257	0.0268	0.0401	0.0415	0.0494	0.0827	0.0340
主题8	0.1264	0.0684	0.0358	0.0412	0.0412	0.1140	0.0583	0.0702	0.1511	0.0364
主题9	0.0704	0.0543	0.0285	0.0725	0.0296	0.0511	0.0523	0.0984	0.0568	0.1073
主题10	0.0403	0.1002	0.0921	0.0388	0.1326	0.1250	0.1466	0.0311	0.0368	0.0591

资料来源　作者根据相关资料整理。

不同于上述预期，与专利主题6非专利引用关联度最高的是论文主题2和4，由于骨骼的打印不可避免地需要将对患者扫描得到的图像数据进行处理和转换以控制打印系统的运作，因此专利主题6和论文主题4的关联是可以解释的。然而，骨骼铸造与论文主题2所代表的薄膜太阳能电池之间的非专利引用关联则不免让人感到困惑，此类无法得到合理解释的主题间强关联还包括光学成像（专利主题1）与酸水溶液分离（论文主题7）以及图像数据的显示和捕捉（专利主题5）与金属及氧化物的成膜（论文主题8）等。

3.3.4　非专利引文的知识相关类型

上述分析结果表明，具有非专利引文关系的专利和论文之间是存在知识相关性的，但也存在科学技术研究主题知识内容相关程度较低但非专利引文关联程度较高的情况。此外需注意，在3.3.1节和3.3.2节所示的实验组和对照组的知识相关性比较研究中，虽然具有引用关系的专利—论文文本对的知识相关性要高于随机组合的专利与论文文本，但只有基于题目的相关性计算结果显示出在［0.3，0.4］得分区间的样本密度最高，其余无论是基于局部还是基于整合文本的计算结果均表明，多数样本分布在了小于0.3的得分区间上。

因此，如果仅通过非专利引文确立的知识链接对专利和论文进行关联，并在此基础上实现利用两类文本之间的知识相关性辅助基于科学的技术创新研究，其方法的有效性和结果的可靠性是存在争议的。主要的问题在于两类文本的出版和申请的目的、添加引文的动机、语言组织的方式等差异均会无法保证具有非专利引文关系的专利和论文之间确实存在知识上的相关性。为了进一步证明这一观点，作者从实验组中摘要知识相关性的10个得分区间上（见表3-3）分别随机抽取10个非专利引文样本，共计100个样本，邀请6位专家采用德尔菲法根据各自的专业知识对专利和论文中知识的相关性进行判断并说明原因，专家信息见表3-10。

在第一轮专家的反馈意见中，6位专家均指出分发给他们的绝大多数样本都是知识相关的，但相关的类型存在差异，例如综述类论文较为详细地介绍了相关技术或方法的研究进展，帮助发明人初步确立与发明相关的知识内容；与基础科学相关的研究介绍了某些材料在特定环境下的物理或化学属性，并提出了其未来的应用前景，专利则介绍了材料的制备方法或者直接将其作为一个功能组件用于一个设备或系统的制造中。还有的研究开发了一种能够实现特定功能的新技术或者设备，专利则借鉴了其中的技术原理将其用于不同情境下相同功能任务的实现。对专家的知识相关类别进行整理、归纳和统计后，将结果反馈给6位专家再一次征求意见，经过4轮的反馈后最终归纳出4类非专利引文的知识相关类别，分别为知识背景相关、创新依存相关、技术功能相关、主题概念相关。本节使用的科学与技术文本知识相关类型调查问卷和第一轮反馈结果见附录。

表3-10   德尔菲法专家信息

编号	姓名	工作单位	研究领域/工作职责
1	林×海	新加坡国立大学纳米科学与纳米技术创新中心博士后	金属纳米材料及光学器件研究
2	×蒙	内蒙古大学物理科学与技术学院物理电子学专业讲师	激光技术与光学器件设计
3	何×芳	中国科学院微电子研究所研究实习员	先进纳米光电材料与器件制造
4	刘×徽	国家知识产权局专利局专利审查协作北京中心审查员	根据《专利法》及其实施细则的相关规定对专利申请文件进行审查
5	黄×莺	福建医科大学医学技术与工程学院讲师	光学器件设计与程序开发
6	×石	日本里肯先进光子学中心先进激光加工研究中心博士后	可穿戴设备电子器件3D打印技术

资料来源　作者根据相关资料整理。

知识背景相关是指科学论文帮助明确并关联了与专利发明所要解决的技术问题、应用情境、功能实现相关的科学知识或研究领域。该类型的科学文献以综述和比较类研究为主，包括从时间、学科、领域等维度对单一研究对象（如方法、技术、研究问题）的研究进展进行回顾和评述，以及多个研究对象之间的比较分析。如果将每一篇专利都视作一个创新成果，那么更为合理的解释是，与专利具有此类知识相关的科学文献提供的不是一个可直接应用的创新方法，而是一个与创新有关的线索。

与创新依存相关的专利与论文，涉及在科学发现的基础上进行的创新活动，包括明确研究对象于特定环境下的属性、特征、功能、用途后所进行的应用研究，是以遵循客观规律和事实、明确科学原理为前提的创新活动，但创新依存并不等同于专利发明依靠论文的科学发现，也可存在反向的依存关系。例如，专利代码为 US8960120B2 的专利开发了一种使用 3D 打印技术制备太阳能电池的方法，它所引用的论文（doi：https://doi.org/10.1109/16.791996）则介绍了背面钝化的太阳能电池的光电性能。而另一篇论文（doi：https：//doi.org/10.1063/1.1447001）研究了溶剂辅助条件下掺杂聚合物的扩散热转移过程，施引专利（US9003970B2）则介绍了溶剂辅助微接触喷墨印刷法，虽然论文中并未提到与喷墨相关的内容，但是打印中使用的墨水就是一种掺杂聚合物，且论文中研究的扩散热转移是高温打印时必须要面对的一个问题。

技术功能相关是指专利和论文中提到的知识分别来自不同的学科与技术领域、被用于解决不同的技术与研究问题、应用在不同的情境，却能够实现相同的功能，或是相同的技术用于实现不同的功能目标。例如，2015 年美国帕罗奥多研究中心被授予的专利（US9039156B2）中介绍了一个从喷墨打印机中去除墨水颗粒的装置，该装置能够去除墨水的关键在于借鉴（引用）了 2011 年发表在 Lab on a chip 期刊上的一篇采用微流体技术从人类血液中分离活体寄生虫的研究。这两篇文献一个来自与打印机相关的工程领域（专利主分类代码为 B41J），一个来自生物医学领域，虽然二者的学科距离较远且文献中的研究对象存在较大的差异，但各自的领域知识（技术）却因其能够实现相同的"分离"功能而关联在了一起，是跨领域和跨学科知识流动促进技术创新的重要例证。

不同于创新依存相关中定义的金字塔式的科学与技术关系（科学和技术互为发展和创新的基石），与主题概念相关的知识是以应用为目的的科学研究成果之间的关系，更适合被描述为一种树形结构，它们或者具有相同的父节点，如相同的研究主题、研究对象，或者遵循着相同的理论与知识基础，但却在各自的领域内发展壮大，并可以作为构成上级创新系统的组件。另一个较为形象的比喻是两个文本中的知识是同一个研究对象在不同特征维度上的投影，虽然隶属于相同的知识空间，但知识体系和研究内容相对独立。为了能够更好地区别主题概念相关和创新依存相关，通过表3-11中的例子进行简单说明。

表3-11   主题概念相关与创新依存相关

	施引专利		被引论文	
	专利代码	专利内容	doi	论文内容
主题概念相关	US9181085B2	一种制备印刷颗粒阵列的印刷方法	10.1002/（SICI）1521-4095（199801）10：1<13：：AID-ADMA13>3.0.CO；2-W	一种多面晶格颗粒的合成方法
创新依存相关	US9149952B2	利用3D打印技术制备生物组织的方法	https：//doi.org/10.1016/S0006-3495（98）77932-9	活的生物组织在液体状态下的黏弹度

资料来源　作者根据相关资料整理。

可以看出，表中的两个施引专利都涉及方法层面的创新工作，但区别在于主题概念相关中的论文提出的是一个与材料合成相关的创新成果，其施引专利中虽然也提到了类似的材料，但专利的方法是关于如何将材料用于印刷而非制备。在给出的另一个创新依存相关的例子中，施引专利介绍了一种利用3D打印技术制备生物组织的方法，其引用的学术论文并没有提及类似的与应用实践直接关联的方法，而是一项关于活性生物组织黏弹度的基础性研究，专利中的技术创新对论文中科学知识的依赖表现为将生物组织作为打印"墨水"必须要考虑组织活性和墨水的黏弹度，前者是为了保证材料的活性，而后者则直接影响了与打印铸造相关的工程问题。

将专家的意见汇总后，作者统计了4个知识相关类别样本集合的平均知识相关性得分，并将结果绘制在了图3-9中，从各类别包含的非专利引文数量上看，主题概念和创新依存相关中的样本数量最多，但知识相关性得分最高的类别却是知识背景和主题概念相关，这意味着采用向量空间模型计算得到的知识相关性能够反映的只是专利和论文在文本内容层面的相似性，且并非文本越相似知识越相关。对于企业所从事的基于科学的创新活动，直接面向应用的科学研究更容易与技术创新所要解决的现实问题关联起来并提供可操作的解决方案。从这一视角出发，与专利文本具有技术功能和主题概念相关的科学研究更能够推动技术的进步，具有更高的技术创新应用潜力。但图3-9中的结果却表明，技术功能相关文本的知识相关性得分位于较低水平，这意味着采用向量空间模型计算的文本知识相关性得分不能很好地体现这类科学研究具有的技术创新价值，也即方法失效。

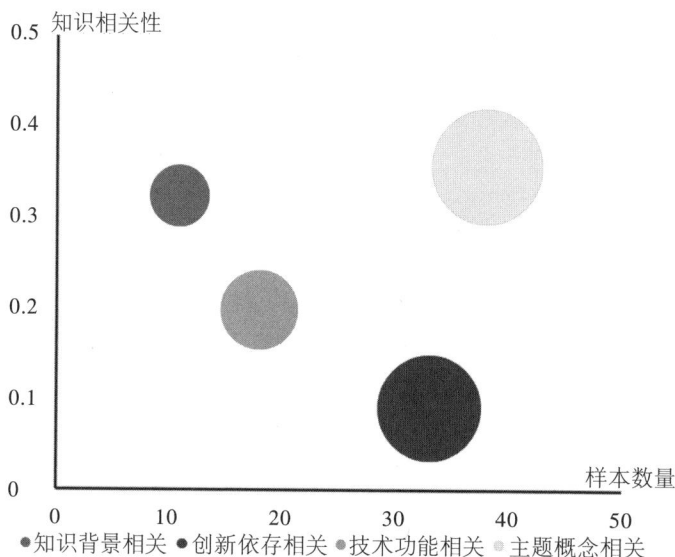

图3-9　非专利引文知识相关类型的分布与知识相关性均值

3.4　基于非专利引文耦合的专利知识相关性检验

本章3.3节证明了具有非专利引文关系的专利与论文文本知识相关性高于不具有引用关系文本之间的相关性，然而在数据清洗时作者注意到，具有非专利引文的专利和论文之间同样具有引文耦合关系。引文耦合可以定量描述两篇学术论文或专利之间的静态联系，引文耦合关系越多，文本间的相关性就越强。因此，引文耦合也是计算知识相关性的主要手段。在本节中，作者将非专利引文耦合定义为引用了相同学术论文的专利间所具有的关系，通过比较具有非专利引文耦合关系的专利与不具有耦合关系专利间的知识相关性，检验非专利引文耦合能否作为反映专利知识相关性的统计指标。

在数据预处理步骤中，作者从3D打印技术领域的非专利引文中筛选出被引频率超过1次的学术论文，共计2 109篇，施引专利650篇。将存在非专利引文耦合关系的专利进行组合，得到7 906个非专利引文耦合专利对。同时，随机选择7 906个不存在非专利引文耦合的专利对组成对照组，利用向量空间模型分别计算非专利引文耦合专利组与对照组摘要文本的相关性，计算结果如表3-12所示。

表3-12   非专利引文耦合专利及其对照组的知识相关性得分

相关性得分区间	耦合关系 （实验组）	（%）	非耦合关系 （对照组）	（%）
1	0	0.00	0	0.00
[0.9，1)	557	7.04	0	0.00
[0.8，0.9)	364	4.60	0	0.00
[0.7，0.8)	514	6.50	0	0.00
[0.6，0.7)	549	6.95	14	0.18
[0.5，0.6)	799	10.11	64	0.81
[0.4，0.5)	963	12.18	71	0.90
[0.3，0.4)	1 185	14.98	293	3.70
[0.2，0.3)	1 070	13.54	564	7.13
[0.1，0.2)	1 013	12.82	1 256	15.88
(0.0，0.1)	621	7.85	3 504	44.31
0	271	3.43	2 141	27.08

资料来源   作者根据相关资料整理。

由表3-12可知，共有1 984对非专利引文耦合专利的摘要知识相关性得分超过0.6，占到了全部数据的25%，而相同区间内对照组的专利对数量则较少。实验组中相关性在 [0，0.1) 区间内的数量为892对，占到样本总量的11%，而该区间内对照组的数量则为5 645对，占到了全部数据的72%。该结果表明非专利引文耦合专利对摘要的知识相关性要比不具有耦合关系的专利对高。根据相关性的计算结果，在图3-10中绘制非专利引文耦合专利对及其对照组的相关性得分分布，其中实线表示存在耦合关系的专利对得分分布曲线，虚线为对照组的分布曲线。从图中可以看出，非专利引文耦合得分曲线处于其对照组得分曲线的右侧，随着相关性得分的增加且超过0.15时，前者的分布密度要高于后者，意味着前者的相关性得分主要分布于更高的得分区间内，而后者则分布在较低的得分区间。两组数据的F检验结果也表明，非专利引文耦合专利对的相关性在$p < 0.01$的显著水平下要高于不存在耦合关系的专利对的相关性得分。综上所述，非专利引文耦合可以作为判断两篇专利相关性的统计指标。

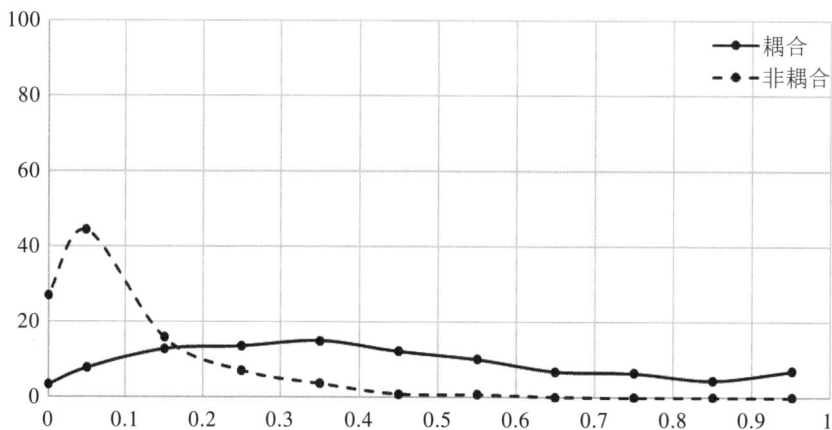

图3-10　非专利引文耦合相关性分布

在上述结论的基础上，作者进一步探索非专利引文耦合强度与专利知识相关性得分之间的关系。以非专利引文耦合强度为纵坐标，专利知识相关性作为横坐标，绘制专利对在二维坐标内的散点图，结果如图3-11所示。其中非专利引文耦合强度的计算见公式（3-7），X和Y分别表示专利x和y所对应的非专利引文集合。

$$\text{非专利引文耦合强度}(x, y) = \frac{|X \cap Y|}{|X \cup Y|} \qquad (3-7)$$

在图3-11中，非专利引文耦合强度和专利知识相关性之间并没有呈现出清晰的线性关系，二者的相关系数为0.516，一元线性回归拟合

的 R^2 为 0.27，表明非专利引文耦合强度和专利摘要知识相关性之间呈现弱相关。换言之，虽然非专利引文耦合可以用作判定专利相关性的依据，但并非共同引用的论文数量越多，专利的知识相关性越高。

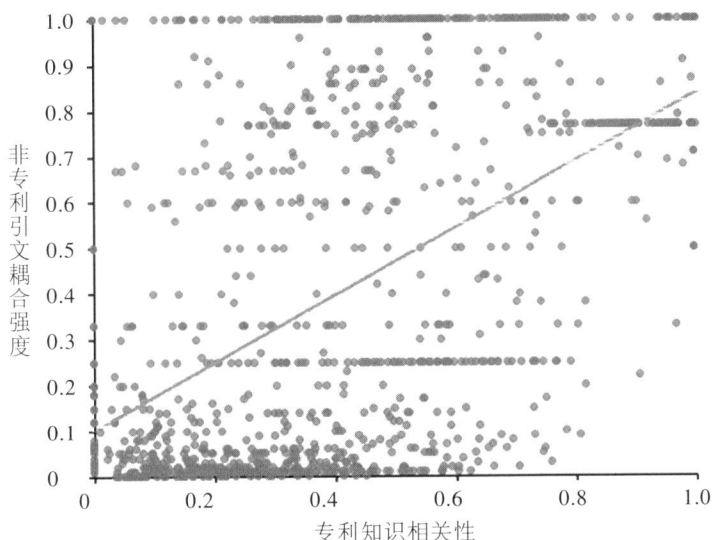

图 3-11 非专利引文耦合强度与专利知识相关性的关系

3.5 本章小结

本章首先提出非专利引文能否作为判断专利和论文文本具有知识相关依据的科学假设，通过 3D 打印技术实例对该假设进行检验。采用向量空间模型计算两类文本的知识相关性，验证了非专利引文关系中的专利和论文（实验组）知识相关性要高于不具有引文关系的专利和论文（对照组）的相关性。此外，本章还证明了非专利引文耦合能够作为体现专利间知识相关性的统计指标。

本章的研究结论如下：首先，通过非专利引文来确立科学与技术之间的相关关系具有其合理性，实验组和对照组的知识相关性计算结果说明，无论是基于局部文本还是全局文本，具有非专利引文关系的专利和论文知识相关性都要高于不具有非专利引文文本的相关性。其次，总结了非专利引文关系中专利和论文具有的四种知识相关类型，分别为知识背景相关、创新依存相关、技术功能相关、主题概念相关，而对于与专利具有技术功能类相关的科学论文，虽然该类研究中包含了具有技术创新应用潜力的研究成果，但基于向量空间模型的知识相关性计算结果并不能较好地体现此类研究在推进专利中技术问题解决方面具有的价值。再次，专利与论文的主题相关性分析结果显示，非专利引文不能够准确地关联起具有知识相关性的科学与技术研究主题。最后，非专利引文耦合强度虽然可以作为反映专利文本相关性的计量指标，但并非共同引用的论文数量越多（耦合强度越高），专利的知识相关程度越高。

　　根据本章的上述研究结论，且为了弥补传统文本知识相关性计算方法中的不足，在后续的第4章、第5章中将从信息抽取、知识表示、相关性度量三个方面入手，提出能够从非专利引文中识别对专利技术问题解决具有推动作用的高应用价值科学研究成果的技术，即一种新的科学与技术文本知识相关性计算方法，以此辅助企业从事基于科学的创新工作，达到缩短技术研发周期，节约资金投入的目的。

第4章　基于关键词网络的专利与论文知识内容提取

　　从第3章的研究发现中可知，基于向量空间模型的相关性计算结果能够较好地反映具有主题概念相关科学和技术文本的知识相关性。若将从海量学术论文中得到能够关联解决具体技术问题的方法作为文本知识相关性计算的目的，则与专利具有技术功能相关的论文研究成果在辅助技术创新、突破技术瓶颈方面同样具有高适用性，满足上述目的的相关性计算结果也应反映两类文本中提及的知识互通性。然而，根据3.3.4节的分析结果可知，虽然与专利存在技术功能相关的科学研究成果对于加快技术问题的解决具有重要作用，但向量空间模型不能很好地反映此类相关文本的知识关联性。因此，本章和第5章将提出一种应用于科学和技术文本知识相关性计算的方法，可根据非专利引文中施引专利和被引论文的相关性得分判定科学研究成果对于辅助技术创新实践的应用价值，以此在高知识相关论文和专利，以及二者对应的领域、科研机构等主体之间建立关联关系，更好地辅助企业从事基于科学的技术创新实践。

　　该方法从信息抽取、知识表示、相关性度量三个方面入手，在相关性计算的过程中对科学和技术文本在文本内容、技术—功能、领域知识距离三个维度上的相关性特征进行表示和计算，分别提出包括用于专利和论文知识内容表示的关键词抽取算法（本书第4章）、融合概念间语义信息的文本知识表示和关联方法（本书第5章5.1和5.2节）、基于异质信息网络的文本知识相关性计算方法（本书第5章5.3节）。本章将重点介绍该方法中用于提取文本知识内容的信息抽取技术，即一种基于文本图的关键词抽取算法。该算法的特点如下：（1）以句法解析中的词间依存关系和修饰关系作为图中词节点的连接依据，省去以词语共现关系为基础的文本网络图生成方法中所需的窗口长度参数设定；（2）以包含丰富语义信息的文本图为基础，提出融合关键词位置信息、概念层级、概念连接偏好和连接强度的词权重计算方法。本章4.3节在开放数据集上将该算法与其他两个基准方法进行比较，证明了其优越性。

图4-1绘制了本章算法的技术流程图，包括文本预处理、文本图的构建、关键词权重计算三个主要步骤，4.1节重点介绍该方法所用到的文本图构建方法，4.2节则提出了一种整合词语位置、概念连接强度、语义连接强度的关键词权重计算方式，4.3节展示了本章关键词抽取方法与其他baseline方法在公开数据集上的算法评估结果，并重点讨论了方法中参数对算法绩效的影响。

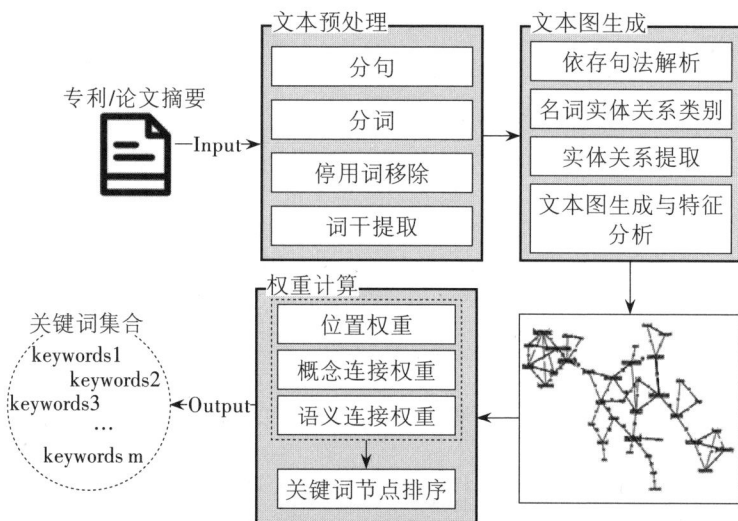

图4-1　基于图的关键词抽取方法技术流程

4.1　摘要文本的预处理与图表示方法

4.1.1　文本预处理

　　常见的文本预处理包括分句、分词、词性标注、停用词移除以及词干提取等步骤。由于关键词通常由名词和形容词组成，因而词性标注被视为关键词提取的必要预处理步骤。本章使用SpaCy[①]对每一篇待处理的摘要文本依次执行分句、分词、词性标注、词干提取、停用词移除5个操作，程序运行环境为Python 3.5，SpaCy版本为v2.0。再将处理后保留的单词作为文本关键词的候选词集，并将其作为文本图的节点集合。在此基础上，根据单词在句子中的语义依存关系构建图中两个节点之间的连接边。

4.1.2　基于语义依存关系的关系抽取

　　为了让基于摘要内容所生成的文本图尽可能保留更多的语义和结构信息，在图构建阶段，本章提出的关键词抽取算法并没有将固定窗口下的词语共现关系作为在单词间建立联系的依据，而是根据单词在句子中的语义依存关系为单词建立不同属性的连接边。因此，本节将重点介绍基于句子级语义依存关系的关系抽取框架，特别是英文语法中句子结构的处理方式。

　　关系抽取是自然语言处理中确保信息抽取和知识发现能够顺利进行的重要研究领域，其研究任务可以被理解为组织非结构化文本的相关片段，并通过一个关系元组对两个实体及其间的关系进行表示的过程，如在形如<Entity1，relation，Entity2>的关系元组中，就包含两个实体和将二者关联起来的关系。因为结构化信息的提取是进行复杂推理的基础，所以关系抽取也应做到清晰与明了，避免对语义关系的模糊表示。为了实现实体间关系的高质量抽取，近年来众多学者在该领域先后开展研究

---

　　①　工具包下载地址：https://spacy.io/usage。

并针对多种文本类型提出了不同的关系抽取方法。根据方法的不同，这些研究可以被归纳为有监督的学习、无监督的学习、半监督的学习三个类别。在有监督的学习方法中，文献在执行语言学分析的基础上进行实体间关系的抽取，此类方法的核心在于正确地提取文本的句法、依存关系、浅层语义结构等语言学特征并组成特征模板用于分类模型的训练，再将训练好的模型用于关系抽取任务当中。由于模型的训练过程需要使用已标注的训练语料，因此有监督学习方法的应用是以语料的可获取性为前提。此外，模型中的关系类别是需要预先设定的，因而此类方法往往要涉及对大量样本数据的分析，无形中增加了关系抽取的时间和人力成本。

半监督的关系抽取研究是以 Bootstrapping 为代表的模式匹配方法，即首先根据预先设定的种子关系从文本中识别指定类型的实体间关系，再从每一轮抽取的关系中学习新的关系模式用于下一轮的关系抽取，通过多轮迭代最终完成抽取。此类方法利用信息冗余的概念，并假定相似的实体关系倾向于出现在相近的上下文中。Batista 等的研究就证明了半监督的学习方法可以通过对初始种子关系的迭代式扩展实现对文本中语义关系的抽取。为了寻找相似的关系，研究人员整合词嵌入对 Bootstrapping 方法应用在关系抽取任务中的有效性进行了探索。这类模型包括使用命名实体识别模块完成实体的识别任务，再将实体与 Freebase 知识库中存在的概念进行匹配从而获得实体间的关系。Xu 等利用 Bootstrapping 从已解析的数据当中自动学习新的模式规则并实现了各种复杂类型关系的抽取。他们将解析得到的句子依存树作为模式抽取的输入并对完整树结构及其子树中所包含的种子关系结构进行提取。尽管此类方法试图保持关系抽取的准确性，但这一目标的达成是极其困难的，因为在每一轮的关系抽取当中，算法会自动选择用于下一轮关系抽取的模板，由于缺乏人工干预，因此模板的正确性无法保证，也就不可避免地会导致关系的错误提取。

除此之外，开放信息抽取（open information extraction，OIE）提供了一种更为便利的关系抽取方式，与基于有监督学习的方法相比，OIE

对研究者的相关背景知识和手工标记的训练数据集合有较少的依赖，该方法将各种形式的关系都纳入待抽取的对象而无须限制对预设语义关系的搜索。Banko、Wu、Fader提出在自然语言文本中对动词及动词性短语的浅层语法进行表示。其中比较受关注的方式是利用相对可靠且高效的语法解析器对句中单词的依存关系进行分析并在此基础上提取关系，再结合启发式规则用以帮助判断两个短语之间是否存在语义上的关联。然而，正是由于对浅层语法和句法解析的过度依赖导致OIE无法适应实体间不存在动词或动词性短语连接的关系抽取任务，目前较为流行的OIE系统ReVerb和ClausIE就是根据实体间的依存关系解析来提取由动词或动词短语连接的语义关系。虽然OIE在易用性方面要高于其他关系抽取方法，但无法脱离预设关系集合的限定而自主识别到更多实体间存在的隐含关系，例如由介词、形容词、动词结构等连接的实体间关系。

为了避免并弥补上述方法的缺陷，本节采用以句法分析为基础的实体间关系抽取方法对经过预处理的摘要候选关键词的词间关系进行提取，特别是从英语从句结构中提取有意义的词间关系。根据牛津字典的定义，在传统语法中，从句是指位于主句下层级的语法组织单位，由主语和谓语组成。Quirk等认为子句是一个句子中表达的在逻辑层面和顺序层面具有关联性的信息片段。Duc-Thuan则从句子解析的可操作层面，将子句狭义地定义为句法解析和依存关系解析所形成的树结构。本章节沿用Duc-Thuan等人对子句的定义，侧重由介词短语构成的句子修饰成分的关系抽取方法，同时详细介绍从句中不完整元组结构的补全规则以及具体处理方法。

一般来说，一个实体关系由两个名词及连接名词的关系构成。虽然在上文提到的实体关系三元组中，连接两个名词的关系位于名词实体之间，然而在现实的写作当中，词间关系与其连接的实体的位置则更为灵活，前者可以位于后者之前、之间、之后的任意位置。加之从句结构是用于修饰名词或者充当句子中的名词功能的语法结构，如在句子中充当主语成分的主语从句，因而从句也可用于描述和识别句子中的实体关系。

从句的构成与简单句类似，包括主语（subject，S）、谓语（verb，V）、直接宾语（direct object，DO）、间接宾语（indirect object，IO）、补语（complement，C）以及充当修饰成分的状语（adverbial，A）等结构。但是在传统的基于句法解析的信息提取方法中，以句子中的动词或动词性短语作为提取实体间关系的依据时，如果句子中缺少足够的信息在主语、谓语或宾语之间建立联系，那么信息抽取的方法会失效。例如在一篇题目为"Optical recognition of three-dimensional objects with scale invariance using a classical convergent correlator"的学术论文当中（如图4-2所示），"three-dimensional objects"和"scale invariance"之间的关系在没有动词或动词性短语连接时，传统方法无法通过介词"with"提取二者之间的关系，而"scale invariance"在句中作为前者的修饰成分描绘了一个具有"scale invariance"特征的实体对象，也可以理解为后者为前者所具有特征的一种限定。

题目：

Optical recognition of three-dimensional objects with scale invariance using a classical convergent correlator

摘要：

We present a real-time method for recognizing three-dimensional（3-D）objects with scale invariance. The 3-D information of the objects is codified in deformed fringe patterns using the Fourier transform profilometry technique and is correlated using a classical convergent correlator. The scale invariance property is achieved using two different approaches: the Mellin radial harmonic decomposition and the logarithmic radial harmonic filter. Thus，the method is invariant for changes in the scale of the 3-D target within a defined interval of scale factors. Experimentalresults show the utility of the proposed method.

图4-2 论文题目与摘要实例

为了尽可能多地从摘要文本中获取可用于绘制词间连线的关系元组，以此丰富摘要文本图中所包含的信息，本节在抽取常见的由动词和动词性短语构成的实体间关系元组的基础上，还抽取了实体及其状语修饰成分之间的关系，并将此种关系命名为"修饰关系"。为了减少句法解析器对复合长句进行解析时可能引发的解析错误，在关系提取时按照如下原则进行处理：首先确定句子中的名词性短语及根词，再根据句法依存解析的结果，获得两个名词短语的根词之间的最短依存路径。

以"The 3-D information of the objects is codified in deformed fringe patterns using the Fourier transform profilometry technique and is correlated using a classical convergent correlator."为例，利用Spacy的名词短语解析功能，首先确定句子包含的5个名词及名词短语："3-D information"、"object"、"deformed fringe patterns"、"Fourier transform profilometry technique"和"classical convergent correlator"。已知5个名词短语最多存在9种组合方式，但最短路径的搜寻原则是任意两个短语的依存路径上不可以存在第三个短语，因此对于按照一定顺序排列的名词短语，它们之间可以建立的最短路径数要小于9种。

在如图4-3所示的依存路径解析结果当中，箭头从根词指向依存它的词语，弧线上的字母表示两个词语间的依存关系。在路径搜寻策略中，除了主语与句子根词之间的路径搜索按照与箭头指向相反的方向进行，其余的搜寻方向均与箭头指向相同。这是因为任意一个句子只存在一个作为根节点的单词且该节点不依存于句子中的任何其他成分，只存在被依存的关系，因而任何与该节点建立的依存路径箭头均指向其他单词。对于"3-D（information）"和"classical convergent（correlator）"两个短语（括号中的单词为短语的根词），根据上述原则可以在短语的根词之间搜寻到一条形如

$$\text{information} \xrightarrow{\text{nsubjpass}} \text{codified} \xrightarrow{\text{conj}} \text{correlated} \xrightarrow{\text{advcl}} \text{using} \xrightarrow{\text{dobj}} \text{correlator}$$ 的最短路径[1]。

---

[1]　SpaCy中Dependency Parse的标签释义见 https：//spacy.io/api/annotation#dependency-parsing。

The 3-D information of the object is codified in deformed fringe patterns using the Fourier transform profilometry technique and is correlated using a classical convergent correlator

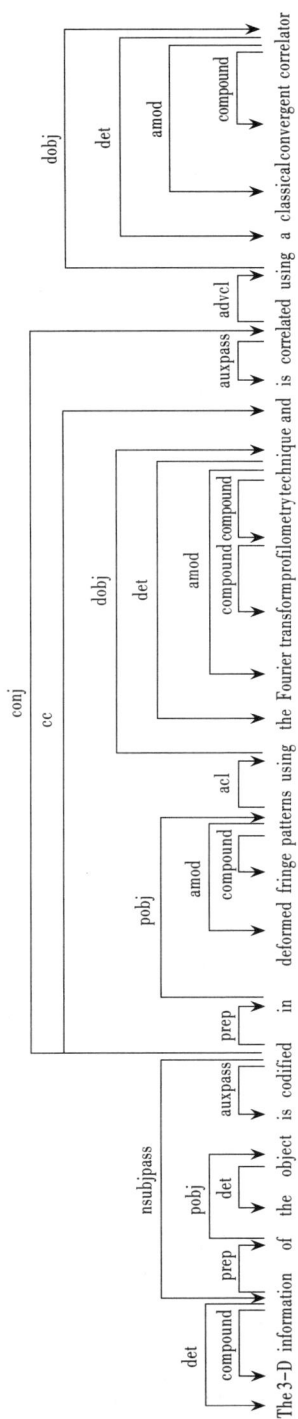

图4-3 句子依存路径解析实例

　对于路径中存在通过"conj"（连词）依存关系连接的两个动词的情况，需要对路径进行拆解，将通过连词连接的关系动词与路径中的两个实体分别进行组合，且继承动词与其他节点之间的依存关系从而形成两个子路径。在上述例子中，根据该原则可以提取到 information $\xrightarrow{\text{nsubjpass}}$ codified $\xrightarrow{\text{advcl}}$ using $\xrightarrow{\text{dobj}}$ correlator 和 information $\xrightarrow{\text{nsubjpass}}$ correlated $\xrightarrow{\text{advcl}}$ using $\xrightarrow{\text{dobj}}$ correlator 两个子路径，在第一个子路径中，codified 和 using 间的依存关系继承了 correlated 与 using 之间的关系，而第二个子路径中，correlated 和 information 之间的关系则继承了 codified 和 information 的关系。

　在关系抽取时，除了要获得最短路径上的全部词语之外，还需将只与这些词语建立依存关系的介词修饰语和 be 动词一起提取。因此根据上述两个子路径，获得的实体关系的完整形式是 <3-D information，is correlated using，classical convergent correlator> 和 <3-D information，is codified using，classical convergent correlator>。类似地，可以从句子中抽取剩余的实体关系：<3-D information，of，objects>，<3-D，is codified in，deformed fringe patterns>，<deformed fringe patterns，using，Fourier transform profilometry technique>。

4.1.3　名词实体间的关系类别

　在确立了名词短语实体之间的关系提取方法后，需要对抽取到的关系进行分类。在遵循 4.1.2 节的实体间关系抽取规则的基础上，利用 Python 语言对抽取规则进行技术实现。从第 3 章中用到的数据集中随机选择专利和论文各 100 篇，利用编写好的程序从每一篇专利和论文的题目和摘要中随机选择 2 个句子进行实体间关系的抽取，并邀请两名博士研究生从语言学的视角对识别到的实体关系类别进行归纳，最终得到如表 4-1 所示的四个主要的实体关系类别：概念连接关系、等价隶属关系、功能属性关系、修饰限定关系。

表4-1   实体关系类别判断规则

关系类别	规则描述
概念连接	形容词或名词在名词短语中的共现
等价隶属	"is-a" 关系、介词of、存在 "comp" 类别依存关系的最短路径、名词短语与其缩写词语
功能属性	动词连接的实体关系
修饰限定	由包含with\in\within\on介词与介词短语构成的最短路径

资料来源　作者根据相关资料整理。

（1）概念连接关系（CO）

该类关系用于描述名词性短语中各形容词和名词之间存在的关系，实际上是一种名词短语内的词共现关系。在上一节介绍的关系抽取方法中，第一步即为确定句子中的名词性短语。因此，对于采用上一节方法抽取的每一个关系元组，组成实体的单词间都具有该种关系类型。

（2）等价隶属关系（ES）

等价隶属关系包括实体间的同义、隶属和指代关系类型。最简单的隶属关系可以定义为由介词"of"连接的名词实体，同义关系是由具有"is-a"形式、名词短语缩写或以同位语角色存在的实体关系。指代关系可以是代词与其指代实体之间的关系或是定义模糊和定义明确实体之间的概念，例如在样例文本中"two different approaches" 和 "Mellin radial harmonic decomposition"与 "logarithmic radial harmonic filter" 之间就是一种指代关系。

（3）功能属性关系（FP）

这一关系借鉴了Altshuller在其发明问题解决理论（TRIZ）中所提出的"物质（substance）—场（field）"模型，在该模型中所有的功能都可以分解为两种物质及一种场，并构成了一个用于表示产品功能的三元组。在过去的研究中，学者们通常将句子中通过动词建立语义联系的两个名词短语作为具体功能的表示。类似地，将由动词连接的实体元组关系定义为该类型下的关系。

（4）修饰限定关系（MR）

修饰限定关系特指状语修饰成分与其修饰对象之间的关系。由于状语通常在句子中作为动词、形容词、副词或整个句子的修饰成分，因此可以将其理解为对特定的实体对象添加更多的限制条件，如时间状语是对实体在时间范围内的限定，地点状语是在空间内的限定，条件从句是其他实体所表示的状态空间上的限定。

结合上述关系抽取规则以及类别，以图4-2中的题目与摘要为例进行关系抽取，识别到的关系及其类别如表4-2所示。由于本节所设定的关系抽取对象包括在句子中充当修饰成分的介词短语和从句结构，在该策略下识别到的关系类型也更为丰富。在表4-2给出的例子中，从6个句子中共抽出了22个实体间关系，平均每个句子可以识别3.6个实体关系，最多从一个句子中识别到了5个有效关系。在此基础上，可根据关系元组中实体及其关系在句子中充当的成分（如主语（S）、谓语（V）、宾语（O）、补语（C）和状语（A））总结出采用三元组形式表示的实体关系所具有的语法结构，例如主谓宾（S-V-O）、主谓补（S-V-C）、主谓状语（S-V-A）等多种模式。

表4-2   关系抽取结果

例句	关系元组	关系类型	模式
Optical recognition of three-dimensional objects with scale invariance using a classical convergent correlator.	Optical recognition, with, scale invariance	MR	SPA
	Optical recognition, of, three-dimensional objects	ES	SPC
	Optical recognition, using, classical convergent correlator	FP	SVA
The 3-D information of the objects is codified in deformed fringe patterns using the Fourier transform profilometry technique and is correlated using a classical convergent correlator.	We, present, real-time method	FP	SVO
	real-time method, for recognizing, three-dimensional objects	FP	SVA
	Three-dimensional objects, with, scale invariances	MR	SPA
	Three-dimensional, Synonym, 3-D	ES	SVC
	Deformed fringe patterns, using, Fourier transform profilometry technique	FP	SVA

续表

例句	关系元组	关系类型	模式
The scale invariance property is achieved using two different approaches: the Mellin radial harmonic decomposition and the logarithmic radial harmonic filter.	Scale invariance property, is achieved using, two different approaches	FP	SVA
	two different approaches, Synonym, Mellin radial harmonic decomposition	ES	SVC
	two different approaches, Synonym, logarithmic radial harmonic filter	ES	SVC
Thus, the method is invariant for changes in the scale of the 3-D target within a defined interval of scale factors.	Method, is invariant for, changes	MR	SVA
	Changes, in, scale	MR	SPA
	Scale, of, 3-D target	ES	SPC
	Changes, within, defined interval	MR	SPA
	Defined interval, of, scale factors	ES	SPC
Experimental results show the utility of the proposed method.	Experimental results, show, utility	FP	SVO
	Utility, of, proposed method	ES	SPC

资料来源　作者根据相关资料整理。

以<3-D information, is codified in, deformed fringe patterns>关系元组为例，其中包含了主语（3-D information）、谓语（is codified in）和状语（deformed fringe patterns）三个句子成分。之所以将该元组定义为SVA模式而非SVO模式是因为充当谓语的动词短语中包含了表示限制性含义的介词in，in与deformed fringe patterns所构成的介宾短语是作为状语对动词进行补充说明的。而在另一个元组<We, present, real-time method>中，由于谓语动词present直接与主语和宾语相连表示动作发出对象与接受对象的关系，因此将该种模式定义为SVO。SVC与SVO模式的主要区别在于谓语动词的类型，如果连接两个实体的谓语动词属于be动词（am/is/are/were/was），那么这种模式被定义为SVC，或者被简单地理解为 A is B 这种常见的表达。在另外一个关系元组的例子<3-D information, is codified using, classical convergent correlator>中，虽然连接实体 information 和 correlator 的关系中包含了谓语动词 codified，但 correlator 并不是作为 codified 的直接宾语，而是与 using 组成状语共同修饰 codified，因此三元组的模式依然应该是 SVA。

除了由谓语动词及动词短语连接的实体关系外，介词连接的关系元组同样可以用于表示两个实体间的同位语或者修饰限定关系。仍以图 4-2 中的论文为例，可以从题目中提取到<Optical recognition, with, scale invariance>和<Optical recognition, of, three-dimensional objects>两个由介词引导的关系元组，从文本所表达的内容上看，光学识别（Optical recognition）的对象是 3D 物体（three-dimensional objects），而 scale invariance（标度不变性）是 3D 物体所具有的属性。但根据句法解析器的依存关系分析结果，标度不变性不依存于 3D 物体，而是与介词 with 一起用于修饰光学识别，加之光学识别和 3D 物体两个实体之间的中心词是光学识别，即后者依存于前者，因而标度不变性这一属性也就转而修饰整个句子的中心短语光学识别。此外，虽然 of 连接的两个实体通常也可以改写为一个名词性短语（如 theory of reasoned action 和 reasoned action theory），但无论是哪种形式，经依存关系解析后的中心词都是不变的，也正因如此，在处理 of 引导的实体关系时，将其连接的两个实体视为等价的，即 SPC 模式。此外，依存句法解析中的依存关系类别也可以帮助明确实体间的等价关系。例如，在 Spacy 的从属标识符当中就有同位语修饰（appositional modifier, appos）这一词间关系，由此可以在两个实体之间直接确立同为隶属关系以及 SVC 模式，例如 two different approaches 与 Mellin radial harmonic decomposition 和 logarithmic radial harmonic filter 之间的联系。

最后，结合三元组关系所表达的关系类型及语法结构的具体模式，在单词间建立不同属性的连接边，并使用 Gephi①完成可视化的工作（版本号为 version 0.9.2），结果如图 4-4 所示。

---

① 下载地址为 https://gephi.org/。

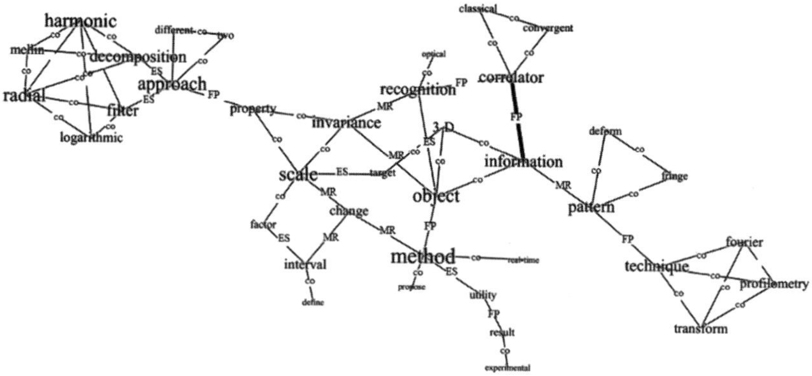

图4-4　文本图样例

4.1.4　文本图的生成与特征分析

　　文本图的构造对基于图的关键词抽取方法效果有着重要的影响。由于文本图是对候选关键词进行排序的主要输入，因此不同的构图方式会导致图结构及其属性间存在差异，进而使得单词加权得分和提取的关键字集存在明显的差异。构图方式的变化主要体现在两个方面：文本图节点基数和节点间关系定义。前者主要受文本预处理方式的影响，例如经过词干提取操作的候选词通常会构成节点数量更少的文本图，因为具有不同含义或者不同词性的单词也可以提取相同的词干。后者中的关系定义方式则决定了单词节点间的连接方式、连接权重、连接方向等属性。以最为常见的词语共现关系为例，预先设定的滑动窗口长度不仅决定了两个单词之间是否存在关联、关联的强度（权重），更决定了最终生成的文本图的密度，而连接边的方向属性则丰富了关键词权重计算的方式，例如被熟知的 PageRank 方法就认为应为高质量节点的连接边分配更高的权重，因此被高质量节点所指向的节点会得到更高的权重。

　　显然，在上述两个影响因素中，节点连接边的属性对图结构的影响更为显著，由于多数图构建方法将连接边定义为词间共现关系，因此真正影响文本图规模的是滑动窗口长度。然而，已有研究表明，不同的关键词抽取方法的最优窗口长度是不同的，参数的设定通常是基于对实验数据集合的观察而得到的。不仅如此，在原始文档还是预处理文档上设定滑动窗口，不同的方法也给出了不同的选择。图4-5显示了四张由不同图构建方法对同一篇摘要所生成的文本图，从图4-5（a）到图4-5（d）依次为：Graph-of-Word、TextRank、DegExt、Context-Aware。表4-3将本节基于词共现和语义关系所生成的文本图与上述四个图进行了比较。

表4-3 不同图构建方法的图特征比较

构图方式	图结构属性							
	文本类型	连字符切分	节点数量	边数量	边属性	窗口长度	加权	有向
Graph-of-Word	预处理文本	是	33	116	共现	4（单词）	是	否
TextRank	原始文本	是	32	63	共现	4（单词）	是	否
DegExt	预处理文本	否	26	31	共现	2（单词）	是	是
Context-Aware	预处理文本	是	33	334	共现	2（句子）	是	否
本节方法	预处理文本	否	38	57	共现 语义连接	不定	是	否

资料来源 作者根据相关资料整理。

比较图4-4和图4-5可以发现，虽然被比较的几个图构建方法均以名词和形容词作为候选关键词，但每个图中的节点数量因边连接属性的差异而不同。首先，除本节提出的方法外，其余四种方法的连接边均表示词语的共现关系，而由于每一种算法所设定的最优窗口长度不同会产生不同的孤立节点（如图4-5（b）和图4-5（c）中就包括了互不连通的文本图），当这些孤立节点集被排除在图之外时，就会产生不同的节点集合。从节点数量上看，本节所提出的图构建方法包含了最多的数量，而由TextRank和DegExt方法构成的多个互不连接的图节点集合最小。

另外，从连接边的数量和属性特征来看，DegExt所生成的文本图具有最为稀疏的连接边，而Context-Aware方法则生成了密度最高的文本图。这种文本图边集合数量上的差异主要由设定的共现窗口大小所引起，其中前者以单词为窗口长度单位，计算在长度为2的窗口内的词语间共现，而后者以句子为窗口单位，同样计算在2个长度内的词共现，是五个方法中跨度最长的共现计算方法。与其他方法相比，本节提出的图构建方法具有多个语义属性的连接边，对于词语间的共现关系，该方法并没有设置固定大小的共现窗口，转而采用了更为灵活的名词短语内共现作为词语共现的连接方式，即以语法解析器得到的名词块的实际长度在短语间建立连接边。此外，4.2.3节中介绍的其他四种词间语义连接方式则完全不依赖窗口设定，取而代之由两个名词间的最短依存路径决定。与Context-Aware相比，本节的图构建方法可以获得较低密度的文本图，降低了后续图计算的复杂性，不仅如此，多样的边属性也使得节点的组合表达的内容更为丰富，含义更为明确。

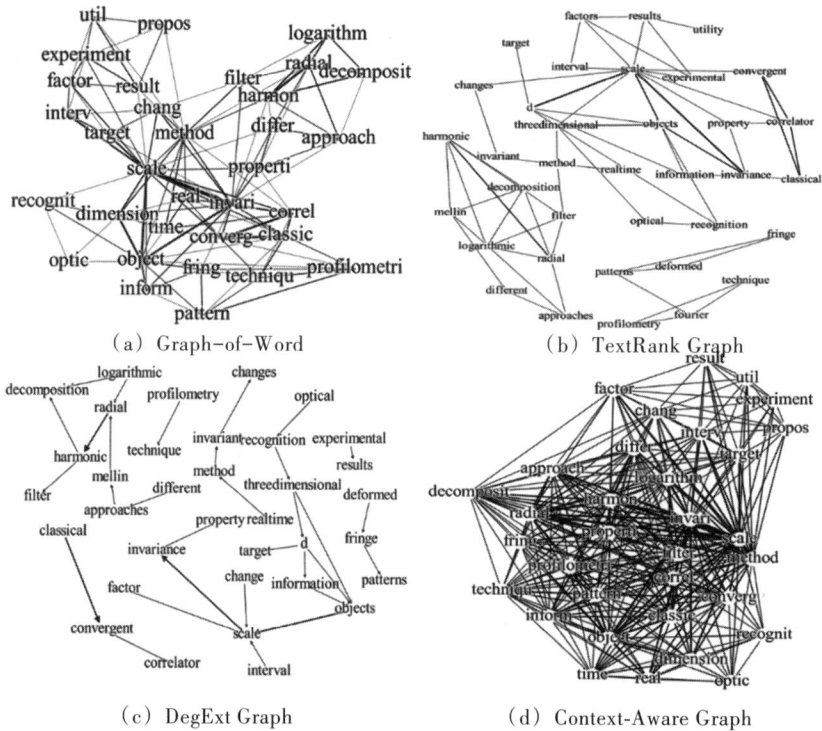

（a）Graph-of-Word

（b）TextRank Graph

（c）DegExt Graph

（d）Context-Aware Graph

图4-5 基于不同算法所生成的文本图

4.2　基于共现与语义连接的关键词加权方法

图的结构特性变化在词语打分中起着重要的作用，本节在4.1节所生成的文本图的基础上，整合单词在文本中的位置信息、参与构成的名词实体数量、在实体间建立语义连接三个方面的特征，提出一种全新的文本图节点加权方式，进而达到从摘要短文本中识别关键词的目的，各指标权重的计算方式如公式（4-1）至公式（4-3）所示。

$$\text{SCScore}(v_i) = \omega_i \times (\text{ConceptScore}(v_i) + \text{SemanticScore}(v_i)) \tag{4-1}$$

在公式（4-1）中，ω_i 表示单词 v_i 在文本中的位置权重，ConceptScore 为单词的概念连接权重，SemanticScore 为语义连接权重。其中，单词的概念连接权重由概念层级（λ）、概念连接偏好（α）、概念连接强度（CC）组成，如公式（4-2）所示；语义连接权重 SemanticScore 由语义层级（γ）、语义连接偏好（β）和语义连接强度（SC）组成，如公式（4-3）所示。

$$\text{ConceptScore}(v_i) = \lambda_i \times \alpha_i \times \text{CC}_i \tag{4-2}$$

$$\text{SemanticScore}(v_i) = \gamma_i \times \beta_i \times \text{SC}_i \tag{4-3}$$

4.2.1　位置权重的计算

一个词语的位置权重由该词在文本中出现的相对位置所决定，本章以单词在文本中相对位置的倒数作为位置权重的计算方式，该操作基于"重要的关键词更倾向于出现在文本前半部分"这一假设，该假设在Corina 等人提出的 PositionRank 关键词抽取方法中得到了验证，且在关键词抽取时添加位置权重确实可以提升关键词抽取的效率，因此，对每个单词在文中的相对位置取倒数再求和作为权重的计算方式。在计算单词的位置权重前，先将题目和摘要整合成为一个短文本，题目在前，摘要在后，即给题目中出现的词语分配了更高的权重，再根据公式（4-4）计算得到相应的位置权重。

$$\omega_i = \sum_j^{n_i} \frac{1}{p_j} \tag{4-4}$$

在上式中，n_i 为单词在文本中出现的频次，p_j 是第 j 个单词在文中的位置。

4.2.2 概念连接权重的计算

在图 4-4 所示的摘要文本图中，单词可以通过与其他单词组成名词短语而建立词共现连接（CO 和 ES 属性边），也可根据识别到的实体关系与其他节点建立语义上的连接（FP 和 MR 属性边）。词语共现是以单词的有意义组合为前提所建立的词间联系，因此共现连接所建立的网络构成了文本中的概念空间，而网络中包含的 n 阶完全图则代表了概念空间中的每一个实体概念。重要的单词可以和不同的单词进行组合形成表达形式多样却具有同种特征的名词短语。在这种情况下，特定单词参与组合形成的概念数量越多，在不同的句子中出现越频繁，该单词就越重要，而概念连接权重实则反映了单词参与构成重要概念的能力。

（1）概念层级

在由单词共现生成的同质网络中，单词的概念层级是确定单词重要性的关键。Rousseau 和 Tixier 分别采用了基于核（k-core）和基于束（k-truss）的网络分解方法获得单词的概念层级。基于束的网络层级划分以节点所在边参与构成的 3 阶完全图数量为依据，在网络中构成的 3 阶完全图越多，单词的概念层级就越高。然而，在图 4-4 的文本图中，由摘要文本所生成的词共现网络相对稀疏，一部分单词无法组成 3 阶完全图。在这种情况下，基于束的网络分解会导致大量单词处于较低的概念层级，无法有效区别单词的概念层级。因此，本章采用以网络中节点度数为基础的 k-core 方法对单词组成的共现属性网络进行分解。

定义 4.1 在基于词共现所生成的加权无向同质网络图 $\mathcal{G}'$ 中（$\mathcal{G}' \subset \mathcal{G}$），$\mathcal{H}$ 是 $\mathcal{G}'$ 的一个子图，$deg(\mathcal{H})$ 表示 $\mathcal{H}$ 中的最小度数，即 $\mathcal{H}$ 中的每一个节点至少与 $deg(\mathcal{H}\mathcal{H})$ 个节点相邻。如果 $\mathcal{H}$ 是 $\mathcal{G}'$ 中的一个最大连通子图且满足 $deg(\mathcal{H}) \geqslant k$，则 $\mathcal{H}$ 是 $\mathcal{G}'$ 的一个 k-core。

定义 4.2 节点 v 的核数 core(v) 为包含这一节点的核的最高序，最高序的核也被称为图的主核，表示为 core($\mathcal{H}$)。

在词共现网络图 $\mathcal{G}'$ 中，采用Batageli等提出的算法用于节点 $\boldsymbol{v}$ 的核数 core(v) 计算，其过程可以描述如下：首先，计算出图 $\mathcal{H}$ 中每一个节点 $\boldsymbol{v}$ 的度数 $deg(\boldsymbol{v})$，将节点按照度数递增的方式进行排列。其次，从度数最小的节点开始，获取节点的邻接节点集合及其对应的度数，如果两者度数相等，则不进行操作；如果邻接节点度数大于该节点的度数，则将邻接节点度数减1，并依照新的度数对节点集合进行重新排列并重复上述过程，直到任意节点与其邻接节点度数相等时停止循环，而此时节点 $\boldsymbol{v}$ 所对应的新度数即为其核数，这一过程的伪代码表示见表4-4。

表4-4 节点 $\boldsymbol{v}$ 的core(v)计算

输入：词共现网络 $\mathcal{G}'=\{\mathcal{V}',\ \mathcal{E}'\}$ 中节点 $\boldsymbol{v}$ 及其邻接节点列表 Neighbors(v)
输出：$\mathcal{G}'$ 中节点 $\boldsymbol{v}$ 的 core(v)
计算全部节点的度数
根据节点度数对节点进行升序排列生成 deg_list
for $\boldsymbol{v}$ in deg_list:
core(v) = $deg(\boldsymbol{v})$
for u in Neighbors(v):
if $deg(u) > deg(\boldsymbol{v})$:
$deg(u) = deg(u) - 1$
deg_list reorder
else:
continue

资料来源 作者根据相关资料整理。

（2）概念连接偏好

在文本异质网络中，节点的度数由两类连接共同决定，一类是节点间建立的词共现连接，另一类是根据依存关系解析建立的实体间语义连接。概念连接偏好显示了词共现连接在节点度数中所占的比例，反映的是在一段文本中，某个单词倾向于与其他单词组成不同概念的程度。

定义4.3 图 $\mathcal{G}'$ 中节点 v_i 的概念连接偏好被定义为节点通过词共现

方式与其他节点建立连接的数量与文本图 $\mathcal{G}$ 中的最大连接数量的比值，表示为：

$$\alpha_i = \frac{\deg_{v \in \mathcal{G}'}(v)}{\max\{\deg_{v \in \mathcal{G}}(v)\}} \tag{4-5}$$

（3）概念连接强度

一个单词在文本中的概念连接强度可以表示为一个关于单词的概念层级与其连接强度的函数，其中单词 v_i，$v_i \in \mathcal{G}'$ 的连接强度表示它们在词共现网络 $\mathcal{G}'$ 中的共现频率，即网络中边 e_{ij} 的权重。

定义 4.4 在词共现网络 $\mathcal{G}'$ 中，节点 v_i 具有邻接节点集合 N_i，v_i 的概念连接强度被表示为：

$$CC(v_i) = \sum_{v_j \in N_i} cw_{ij} \times core(v_i) \tag{4-6}$$

上式中，cw_{ij} 为边 e_{ij} 的权重，$core(v_i)$ 为节点在词共现网络中的概念层级。两个单词所组成的短语越多，共现频率越高，词语间的概念连接强度也就越高。

4.2.3　语义连接权重的计算

重要的单词不仅可以组成重要的概念，更应与其他单词或概念组成有意义的语义功能关系。一个文档包含了语义相关的多个概念，Ohsawa 等认为重要的单词是那些在文本图概念聚类间建立连接以将整个文档整合起来的单词，Duair 将这一概念进行了延伸，认为一个单词的语义连接性可以通过它参与构成概念的数量进行量化，并将网络中的层级束作为概念的近似表示。如果一个词语的相邻节点属于多个概念类型，当移除这个节点时，势必会在概念之间产生一个缺口；类似地，如果一个词语所有的相邻节点都属于同一概念，那么该节点的移除会导致较少的语义损失。

在上述研究基础上，本章将语义连接性的概念进一步扩展，除了考虑单词连接的不同概念的数量，还涉及单词间的连接属性特征。在生成的文本图中，本章将词语之间凭借依存句法所建立的连接定义为语义连接。在一段文本中，某些单词虽然没有参与表示过多的概念，但其却频繁地在不同概念间建立语义联系。如果一个词语的相邻节点属于不同的词共现网络，当移除这个节点时，势必会在概念之间产生一个缺口。反之，如果一个词语所有的相邻节点都属于同一概念（词共现网络），那么该节点的移除则会导致较少的语义损失，因为概念中剩余的词语都相对完整。因此，单词的语义连接权重反映的是单词参与建立实体间关系的能力。

（1）语义层级

与词共现网络中概念层级的定义类似，本书将单词的语义层级定义为其在文本图中单词节点 v_i 在语义连接子网络中的 k-core。

定义 4.5 在基于实体间语义关系所生成的加权网络图 $\mathcal{G}''$ 中（$\mathcal{G}'' \subset \mathcal{G}'$），节点 v 的语义层级为包含这一节点的核的最高序。

（2）语义连接强度

一个单词在文本中的语义强度表示一个由单词语义层级与其对应的语义连接边权重所构成的函数，其中边的语义连接权重可以表示为连接频次。据此，将单词间的语义连接强度定义为：

定义 4.6 对于在图 $\mathcal{G}''$ 中具有 N_i 个相邻节点的节点 v_i，其对应的语义强度定义为：

$$SC_i = \sum_{v_j \in N_i} sw_{ij} \times score(v_i) \tag{4-7}$$

sw_{ij} 为语义连接边 e_{ij} 的权重，$score(v_i)$ 为节点在语义连接网络中的概念层级。当一个单词的语义层级越高，其通过语义建立的词间表示修饰、方法或其他功能属性关系连接越多且越频繁，则该词语的语义连接强度也就越高。

（3）语义连接偏好

语义连接偏好显示了节点的语义连接在节点度数中所占的比例，它反映的是在一段文本中，某个单词倾向于与其他单词结合以表达不同语义的程度。

定义 4.7 图 $\mathcal{G}''$ 中节点 v_i 的语义连接偏好被定义为节点通过语法依存与其他节点建立连接的数量同文本图 $\mathcal{G}$ 中的最大连接数量的比值，表示为：

$$\beta_i = \frac{\deg_{v \in \mathcal{G}''}(v)}{\max\{\deg_{v \in \mathcal{G}}(v)\}} \tag{4-8}$$

4.3 关键词抽取方法的比较与评估

在分别介绍了基于词共现和语义关系的文本图构建方法及其对应的节点加权方式后，本节整合上述两个方面提出了一个全新的基于图的关键词抽取算法，由单词预处理、文本图构建、词加权方法三大模块构成。为了对本章提出的方法进行系统而全面的评估，本节将目前较为流行的 PositionRank 和 Scake 两种基于图的关键词提取方法作为 baseline 与本章方法的抽词效果进行比较。表4-5列出了三种方法针对图4-2中的样例文本所识别到的排名前27的关键词集合，其中第二行为人工标注的关键词集合。此外，表中还列出了算法抽取到的关键词集合与人工标注结果之间的 Jaccard 系数，以此表示关键词集合间的相关性，得分越高，表明算法识别到的关键词越准确。经比较后可以发现，sCAKE 方法识别到的关键词集合的 Jaccard 系数最高，其次为本章方法和 PositionRank，但前者只比后两个方法多识别正确了一个关键词。

表4-5　　　　　　　　　**基于样例文本的关键词识别结果**

方法	关键词（排名前27）	数量	JI
语料标注	optical, recognition, object, scale, invariance, classical, convergent, correlator, relatime, method, information, deformed, fringe, pattern, fourier, transform, profilometry, technique, property, mellin, radial, harmonic, decomposition, logarithmic, filter, invariant, factor	27	—
本书方法	object, scale, recognition, invariance, correlator, radial, harmonic, classical, *3D*, convergent, decomposition, filter, fourier, transform, profilometry, *approach*, information, method, mellin, technique, logarithmic, optical, pattern, deformed, fringe, *different*, *two*	23	0.74

续表

方法	关键词（排名前27）	数量	JI
sCAKE	optical, recognition, object, scale, invariance, correlator, invariant, convergent, method, information, radial, harmonic, deformed, fringe, pattern, fourier, profilometry, technique, property, *approach*, mellin, decomposition, logarithmic, filter, *target*, *interval*, factor	24	0.8
Position-Rank	optical, recognition, objects, scale, invariance, classical, *threedimensional*, convergent, correlator, method, information, radial, harmonic, patterns, deformed, fringe, fourier, profilometry, technique, property, *d*, filter, mellin, decomposition, *approaches*, logarithmic, invariant	23	0.74

资料来源　作者根据相关资料整理。

（注：数量为与标注语料匹配的关键词数量；JI：Jaccard系数；斜体单词为错误识别的关键词）

　　为了对算法的抽取效果进行更全面的比较，选择Hulth在2003年使用到的关键词标注语料进行算法的评估，该数据集包含从Inspec数据库中选取的发表于1998年至2002年间的2 000篇英文期刊论文摘要及其标题的关键词集合。其中，每一篇摘要当中包含了两类关键词集合：受控关键词集合与非受控关键词集合。受控词集是根据Inspec中的关键词表添加的文章关键词集合，非受控词集则可以是任意适合的关键词集合，由于两类词集都是在标注者阅读全文后进行添加，因此部分被标注的关键词在摘要中并未提及。在算法的评估实验中，选取非受控词集作为关键词抽取效果的评估集合，并将词集中未在摘要中出现的关键词剔除以用于算法的最终评估，标注语料的其他信息如表4-6所示，包括语料中的文档数量、文档的平均单词量、标注关键词在文档词集中的比例等，图4-6则显示了关键词数量在不同长度文本中的比例。

表4-6　　　　　　　　　　　算法评估数据集描述

数据集	文档数量	文档平均词量	关键词在文本中的平均比例	数据集描述
Hulth2003①	2 000	52	37.91%	Inspec 数据库中的论文摘要

资料来源　作者根据相关资料整理。

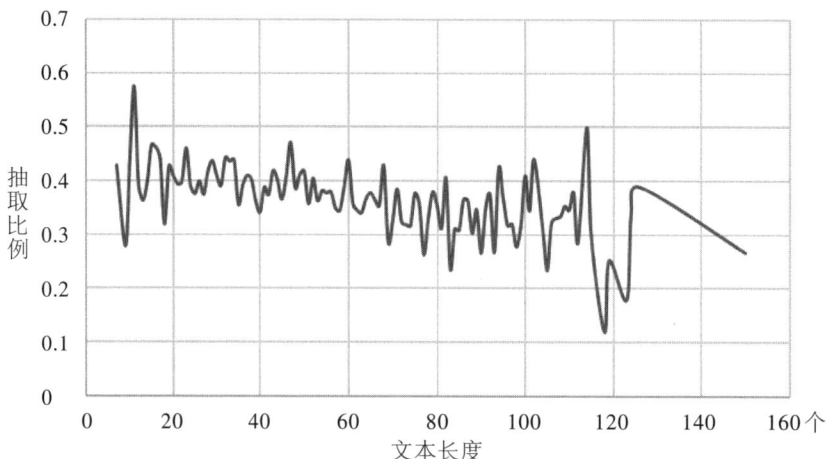

图4-6　语料中不同长度文本的关键词标注比例

　　本节首先实验了以固定关键词数量进行关键词抽取时各算法的效果。根据Duari等人对不同方法在Hulth2003语料中的测试结果，本节使用的两个基准算法在抽取排名前25的关键词集合时可获得最好的F1值。因此，本章将各算法抽取的关键词数量设定为25，并以查准率、查全率、F1值三个指标对算法进行评估，结果如表4-7所示。

表4-7　　　　　　　　　不同方法的关键词抽取结果比较

	查准率（%）	查全率（%）	F1值（%）
本章方法	48.30	79.26	57.28
sCAKE	45.41	66.81	51.09
PositionRank	45.68	64.45	50.41

资料来源　作者根据相关资料整理。

注：从每种方法中抽取加权得分排名前25的关键词集。

————————————

① 语料下载地址：https://github.com/boudinfl/hulth-2003-pre。

在三个关键词抽取方法中，本章方法在三个评价指标上均优于其他两种方法，查准率、查全率、F1值分别为48.30%、79.26%、57.28%。在此基础上，本节进一步分析了本章所提出的方法在不同长度文本上的关键词抽取效果，并将结果绘制在图4-7中，其中横坐标为文本长度，纵坐标为评估指标的得分。从图中可以看出，从论文题目和摘要中抽取排名前25的关键词集合在不同长度文本上的抽取效果具有一定的差异，可以看到随着文本长度的增加算法的查全率呈现很明显的下降趋势，与此同时，算法的查准率却出现了波动的上升趋势，并在长度为100附近达到了最大值，而由于查全率的变化过于明显，导致F1值也略呈现出了下降趋势。不仅如此，采用固定数量的关键词抽取策略，也会导致当语料中文本的单词量小于关键词抽取数量时出现查全率为100%的情况，例如在上述实验中，当文本中单词量小于40个时，可以看到对应文本的查全率均超过了80%，加之该语料中文本的平均单词量只有52个，因此固定数量的抽词策略会因为较短文本在查全率指标上的突出表现进而拉高了评价算法整体效果的F1值。

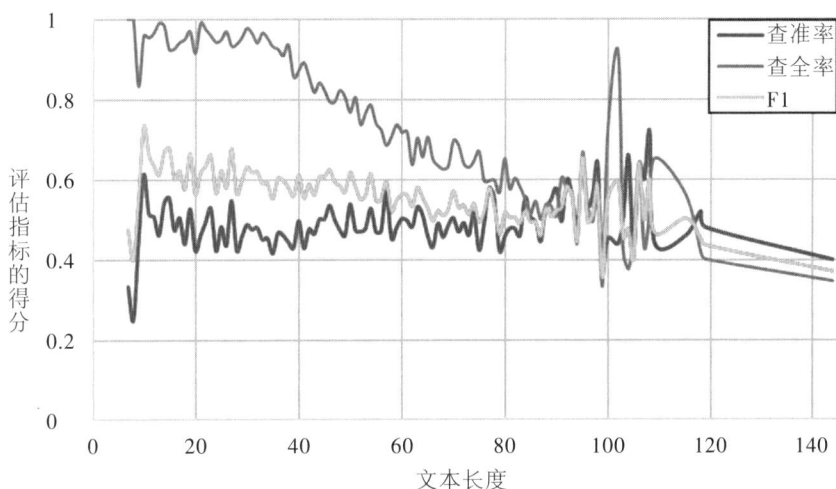

图4-7　不同长度文本的关键词抽取效果（关键词数量为25个）

考虑到关键词的语料标注并没有对词语的数量进行严格的限定，且结合图4-6所示的不同长度文本所标注的关键词比例可知，随着文本长度的增加，关键词的标注比例呈现下降趋势，但即便如此，多数文本的关键词标注比例也稳定在30%至50%的区间内，因此本节进一步研究了根据文档的实际长度以不同比例获得关键词集合时对本章算法抽词效果的影响，结果如表4-8所示。从中可以看到，随着抽取比例的不断升高，算法的查准率是逐渐降低的，查全率则不断升高，抽取比例达到50%的F1值是最高的，但该指标得分并没有超过以固定数量进行关键词抽取时的得分。

表4-8　　　　　　　　关键词抽取比例对算法效果的影响

抽取比例（%）	查准率（%）	查全率（%）	F1值（%）
30	63.10*	48.25	52.48
35	60.24	52.70	53.99
40	55.54	57.18	55.12
45	55.57	61.13	55.98
50	53.68	65.95*	56.95*

资料来源　作者根据相关资料整理。

　　类似地，图4-8中绘制了按50%的比例进行关键词抽取时不同长度文本的关键词抽取效果，随着文本中单词数量的增加，与查全率在图4-7中大幅度下降不同，采用固定抽词比例的查全率稳定在70%附近。此外，与查准率在图4-7中的小幅度增长不同，图4-8中的查准率出现了降低的变化趋势，相同的趋势也出现在了F1指标的计算得分中，尽管如此，即使按照30%的比例进行关键词抽取，本章提出的关键词抽取方法依然要优于其他两个基准算法，即本章的关键词抽取算法更为有效。

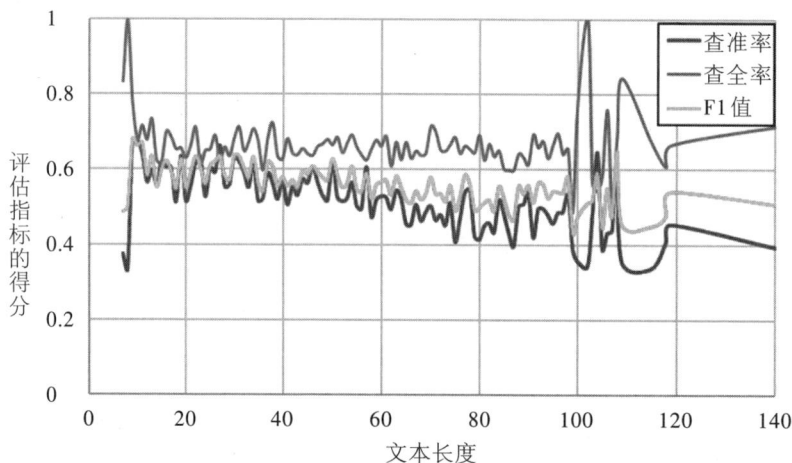

图4-8　不同长度文本的关键词抽取效果（抽取比例为50%）

4.4　本章小结

　　作为一种非结构化文本，论文的题目和摘要中同样包含着大量有用而无序的科学信息及知识。本章提出了一种基于图的关键词抽取算法，以完成从专利和论文的题目与摘要中获取重要知识内容的信息抽取任务。该方法与目前较为流行的其他基于图的关键词识别方法相比，在文本图构建和关键词权重计算两方面有了较大改进。其中，图中节点间的关系以句法解析后的词间依存关系为基础，除了最为常见的共现关系外，还通过最短依存路径的搜索策略识别了等价隶属、功能属性、修饰限定三种关系，令文本图中的连接边具有更多的语义属性。不仅如此，该种词间关系建立方式省去了传统方法中的不断调试和实验词语共现窗口长度参数，使得算法的应用更为简便。为了适应新的文本图构建方法，本章还改进了节点权重计算方式，提出了一种整合单词在文本中的位置信息、参与构成的实体概念数量、实体间建立语义关系三个层面特征的权重指标，并在 Hulth2003 的关键词语料中对算法的效果进行了系统评估。结果显示，本章的关键词提取方法要优于其他两个基于词间共现关系构图的关键词抽取方法，其中根据文本中的词语数量，以固定比例进行关键词抽取的结果在查准率、查全率、F1 值三个指标上均获得相对稳定的评估结果，当按照 50% 的比例进行关键词提取时在实验语料上获得了最好的效果。

第5章 非专利引文关系文本的知识
相关性计算方法

    本书第4章介绍了一种用于获取科学和技术文本知识内容的关键词抽取算法，旨在将专利和论文摘要中的重要知识以关键词集合的形式进行表示。然而，以关键词为基础的内容表示方法主要缺点在于无法明确集合内关键词之间的语义关系，这就意味着仅通过关键词的比对无法清楚地描述施引专利和被引论文知识在技术—功能层面的关联信息。根据本书第3章3.4节的分析结果，基于VSM的知识相关性计算方法不能清晰地揭示两类文本在技术功能方面的知识相关性：一方面，摘要虽是对文档重要内容的提炼，但并不能提供可用于知识相关性判定的全部信息；另一方面，VSM的知识相关性计算结果直接受到两个文本中共有关键词数量的影响，而图3-9则说明在上述两种知识相关文本中，共现词语的数量并不多，在后一种情况下，以文本内容相关作为知识相关性的判别可以说是失效的。

    因此，本章在第4章研究成果的基础上对本书提出的科学和技术文本知识相关性计算方法进行详细介绍，创新性地将文本内容、技术—功能、领域知识距离三个维度的相关性特征整合于度量指标当中，以此明确技术知识和科学知识的关联线索，达到辅助企业从事基于科学的技术创新实践的目的。在该方法中，文本内容的相关性得分首先采用第4章关键词抽取算法对专利和论文文本的关键词集合进行提取，再由向量空间模型计算得到；技术—功能相关将两类文本中的重要信息表示为异质信息网络，通过预设元路径完成在指定特征维度上的相关性计算；领域知识距离则通过引入外部知识库，在更为庞大的领域知识网络中计算两类文本的知识相关性。最后，对每一组科学和技术文本在上述三个维度上的相关性得分进行整合，得到涵盖内容相关、技术—功能相关、领域知识相关的文本相关性结果。

本章的章节安排与研究内容如下：在5.1节中，明确了本章研究的主要问题，并界定了相关概念。5.2节介绍了专利、论文文本的语义关系结构提取以及技术、功能、情境关联方式，并在此基础上介绍如何根据提取到的技术、功能、情境信息生成用于描述义本知识的异质信息网络。5.3节介绍了基于元路径的文本知识相关性度量方法，包括元路径的设定和在网络无法连通时如何利用外部知识库进行辅助计算。在5.4节采用基于统计学和基于领域专家知识的两阶段评估对本章方法在文本知识相关性计算方面的有效性进行检验。

5.1 问题描述与概念界定

5.1.1 问题描述

从非专利引文中识别出具有技术创新潜力或高应用价值的科学研究的核心问题有两点，首先是如何界定科学研究中的创新及应用潜力，其次是如何对潜力进行定量的计算。对于第一个问题，本章将通过专利和论文中技术与功能术语之间的关联来界定科学研究的创新和应用潜力。功能是指系统或技术可以执行的任务或操作，在基于SAO结构的技术创新研究当中，专利或论文中的功能常被表示为谓语—宾语（AO）的关联形式，而文本中的创新对象、工具、方法和系统等可以用包含技术说明的句子主语（S）进行表示。

以句子 "The electro-optical code reading terminal measures and monitors, using one or more magnetic sensors, a magnetic field experienced at the electro-optical code reading terminal." 为例，该句子的主语、谓语、宾语分别为 electro-optical code reading terminal、measure/monitor、magnetic field，三个部分构成了一个 SAO 结构，其中 electro-optical code reading terminal 表示这个技术性句子中提到的技术，measure/monitor+ magnetic field 对应 reading terminal 所要实现的功能，如果在另一篇文档中识别到了相同的技术或功能成分，那么就可以根据共现的内容将两篇文档关联起来。由于企业的创新活动通常始于对现实中存在问题的识别，为了进行有效的技术创新，企业必须明确其当前创新活动所要优先考虑的关键问题，而问题的解决则要通过具体的功能得以实现，这也是为何基于专利和论文的技术与功能关联常被用于技术机会识别或合作伙伴识别，其内在的逻辑就是基于文献的知识发现，即两个不同的技术能够实现相同功能，且其中一个技术尚未被行业关注，那么这样的技术就具有创新的潜力。因此，如果两个科学和技术领域具有的技术—功能关联越多，那么前者的发展会给后者的创新活动带来更多的积极影响。

对于第二个问题，科学研究的创新和应用潜力也可以近似看作一种对知识相关性的测度。本书第 3 章的研究结果已经证明，虽然具有非专利引文关系的专利和论文其知识相关性要高于随机组合的相同领域专利和论文，但并非所有的专利对论文的引用都是因为后者与前者在技术功能层面相关，仅通过知识相关性不能准确地反映出两个文本中知识的关联方式。因此在进行相关性的测度时，应考虑到如何能够反映出知识相关的内在逻辑和可解释性。此外，由于摘要是对专利发明和论文研究内容的精简表述，不可避免地会遗漏一些可帮助判定两个文本知识相关性的重要内容，因而如何对遗漏的信息进行补充也是相关性测度需要解决的问题。为此，本章提出基于元路径和外部知识库的科学和技术文本知识相关性计算方法，从非专利引文中筛选出与发明专利具有技术—功能内在联系的高应用价值科学研究成果。

　　本章的技术路线如图5-1所示，对于任意两个具有非专利引文关系的专利和论文文本，首先从文本中提取各自的SAO结构和相应的情境信息，将提取结果与技术—功能进行关联，并把每一篇文本表示为一个由文档、技术、功能、情境三类节点构成的异质信息网络，因而两个文本的知识相关性可以通过网络中连接文档的路径数量来表示。对于无法通过文档中共同出现的技术和功能术语连接起来的网络，则需要借助外部知识库辅助计算术语之间的知识距离。最后，按照指定的权重将两个相关性计算结果进行整合，将与技术专利具有高知识相关性的学术论文识别为具有创新和应用潜力的科学研究。

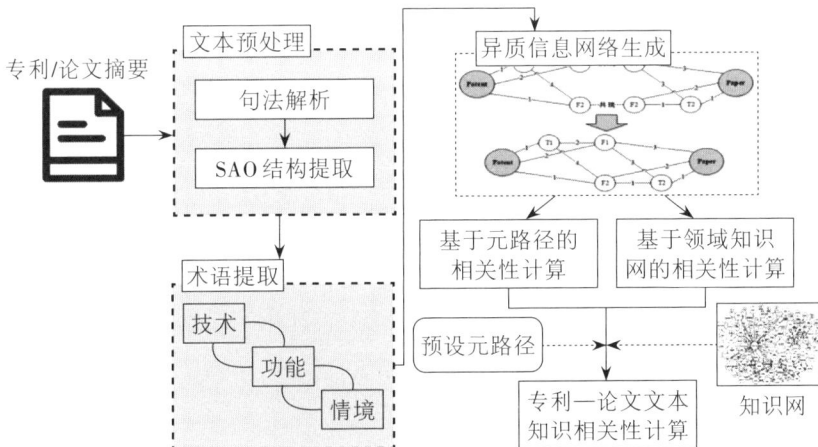

图5-1　第5章技术路线图

5.1.2　异质信息网络

　　异质信息网络（heterogeneous information network，HIN）是一种包含了多类型对象节点或者多类型边的特殊信息网络，它的底层数据结构是一个有向图，其中包含多个类型的节点对象和连接边。

　　定义5.1　信息网络被定义为一个表示为 $G = \{V, E\}$ 的有向图，其中 V 为图中的节点集合，E 为边集合。对于节点集合 V，存在一个节点类型映射函数 $\phi = V \to A$；对于边集合 E，存在一个边类型映射函数 $\varphi = E \to R$。对于 $v \in V$，其对应的节点类别满足 $\phi(v) \in A$；类似地，对于 $e \in E$，其对应的边类别满足 $\varphi(e) \in R$。

异质信息网络和传统的同质信息网络相比，最大的区别在于网络中节点和边类别集合所包含的元素数量。据此，可在定义 5.1 的基础上给出异质信息网络的定义：

定义 5.2 异质信息网络可以被定义为一个表示为 G = {V，E}的图，其中 V 代表网络中对象节点的集合，E 为网络中连接节点间的边的集合。节点集合 V 通过函数 ϕ 与节点类型集合 A 实现映射，即 $\phi : V \rightarrow A$；边集合 E 通过函数 φ 与边类型集合 R 实现映射，即 $\varphi : E \rightarrow R$。当节点类型集合 A 和边类型集合 R 满足 |A| > 1 或者 |R| > 1，即 |A| + |R| > 2 时，网络 $\mathcal{G}$ 为异质信息网络；否则，该网络为同质信息网络。

常见异质信息网络包括文献网络、社交媒体网络、维基百科中的知识网络等。情报学研究中最为常见的文献网络通常包含四个类别的节点，分别为：论文、情境（期刊/会议）、作者、关键词。对于给定论文集合 P 中的论文 p(p $\in$ P)，首先该论文具有若干作者，发表在唯一的会议或期刊中，其题目和摘要中包含了一系列的关键词，p 与其他论文又可以通过引用和被引用关系直接建立连接边。基于在线购物网站用户信息构建的网络也同样是一个异质信息网络，其中可以包含用户、商品、品牌等多种类型的节点，而用户和商品节点之间的连接边表示购买或浏览记录，商品和品牌之间的边则表示隶属关系。

从上述例子可以看出，由于节点和边类别的多样性，异质信息网络与传统网络相比更为复杂。为了对网络中节点类型和关系类型进行理解，需要对其进行元层级的描述，目前被广泛接受的办法是使用网络模式对网络的元结构进行描述。

定义 5.3 在定义 5.2 的基础上，网络模式被表示为一个 S = {A，R}的集合，它是一个关于异质信息网络 $\mathcal{G}$ 的元模式，由对象节点类型 A 和边关系类型 R 共同定义的有向图。

网络模式的概念与数据库系统中的实体关系模型类似，但它只涵盖了实体类型及实体间的二元关系，并不考虑每一个实体类型的属性。可以将网络模式理解为一个网络的样板，它描述了网络中对象类型数量以及对象间可能存在的连接信息。图 5-2（a）展示了本章基于专利和论文文本内容生成的包含技术、功能、情境、文本四类属性节点及其间关联关系的网络模式。在该图中，文本和技术、功能节点的连接表示上述功能和技术均出现在了该文本中，技术和功能的连接边表示技术能够实现对应的功能，情境与技术或功能的连接表示一种限定关系，即在特定环境下应用的技术或实现的功能。在这样一个由多类型术语及其间关系构成的异质信息网络中，两个不同属性节点通过不同的关系连接而形成的有意义的语义路径被称作元路径。

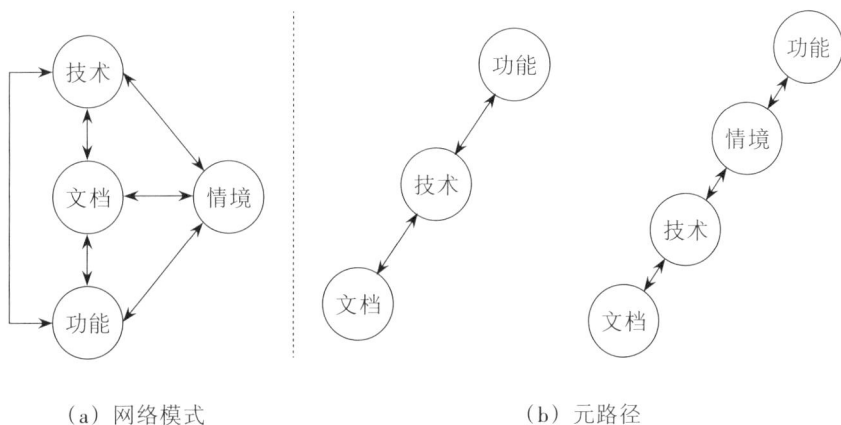

（a）网络模式   （b）元路径

图 5-2　异质信息网络的网络模式与元路径

5.1.3　基于元路径的文本知识相关性计算

在基于图的节点相关性计算方法中，早期的研究多以同质网络为主，然而这些方法忽略了网络中节点对象属性及其连接属性间客观存在的差异。与此同时，虽然异质网络最大程度保留了上述属性和类别信息，不同节点对象和连接的组合也能够表达不同的语义，但在不区分语义的前提下将网络中所有类型的语义整合起来测量相关性同样是没有意义的。为了解决这一问题，Sun 等在区分异质网络中两个节点间路径语义含义的前提下，提出了一个基于元路径的节点对象相关性计算方法，也就是 PathSim。

元路径指节点对象之间的关系序列，可以被定义为起始节点和终结节点之间的一种复合关系。元路径实际上定义了两个节点间具有可解释语义的连接方式，被比较相似性的两个节点分别位于元路径的两端，路径中包含一个可与它们共同建立直接或间接连接的节点，且以对称结构为主，例如在文献网络中，作者 A 与作者 B 在不同年份各于期刊 C 上发表了两篇学术论文，那么 A—C—B 就定义了两个作者在相同期刊发表论文的关系，而在此基础上还可以对元路径进一步扩展，例如两个作者分别在 C 期刊的专栏 D 和 E 上发表了两篇论文，那么采用元路径就可以将二者的语义关系定义为 A—D—C—E—B。基于元路径的相关性计算方法其主要优势在于可以根据用户的需求预设节点间的语义类型，并在此基础上构建元路径对其进行表示。此外，元路径也限定了从网络中的一个节点走到另一个节点的规则，在对大型异质信息网络中的节点进行相关性计算时，该方法可以有效降低路径搜索的复杂性和运算量。

在一个异质信息网络中，两个节点对象可以通过不同的路径连接起来，例如在图 5-2（b）所示的元路径中，文档和功能可以通过路径文档→技术→功能连接，也可以通过文档→技术→情境→功能连接，前者表示文档中的技术和功能术语出现在一个 SAO 结构中，后者表示在技术和功能术语出现的句子中，包含了用于修饰二者的情境信息。上述两个元路径的例子能够说明，网络中节点对象间不同的连接路径可以表示不同的语义关系，而语义又可用于刻画节点在不同维度上的特征。据此，可以在定义 5.3 的基础上给出元路径的定义：

定义 5.4 元路径 P 是在网络模式 S = (A，R) 框架下的一个形式化表示为 $A_1 \xrightarrow{R_1} A_2 \xrightarrow{R_2} ... \xrightarrow{R_l} A_{l+1}$ 的路径，该路径描述对象 A_1 和 A_{l+1} 之间的组合关系 $R = R_1 \circ R_2 \circ ... \circ R_l$，。表示关系 R 的组合算子。

元路径 P 的长度指路径中含有的关系数量，因此如果对象间的关系被定义为对称的，那么元路径也是对称的。为了简化元路径的表示，在后面的章节中，如果同一类型节点之间不存在多重关系，则将元路径表示为 $P = (A_1 A_2 ... A_{l+1})$。对于一个网络 G 中 a_1 和 a_{l+1} 之间的一条路径 $\rho = (a_1 a_2 ... a_{l+1})$，如果存在 i 满足 $\phi(a_i) = A_i$ 且每一条边 $e_i = <a_i a_{i+1}>$ 属于元路径 P 上的每一个关系 R_i，则称路径 ρ 遵照元路径 P，而这些路径就被称为元路径的路径实例，表示为 $\rho \in P$。其他的相关定义还包括如果 P' 是元路径 P 在网络模式 S 中定义的一个逆路径，表示为 P^{-1} 实则定义了一个与元路径 P 相反的关系路径，那么称 P' 是元路径 P 的一个逆元路径，P' 中的一个路径实例 ρ' 是图 G 中路径实例 ρ 的逆路径实例。

此外，元路径还具有一个重要的连接属性（concatenable），对于元路径 $P_1 = (A_1 A_2 ... A_l)$ 和 $P_2 = (A'_1 A'_2 ... A'_k)$，仅在 $A_l = A'_1$ 时，P_1 和 P_2 是可连接的，表示为 $P = (P_1 P_2) = (A_1 A_2 ... A_l A'_2 ... A'_k)$。根据元路径的这一属性，可以将满足上述条件的任意两个元路径连接起来，例如作者（author）和论文（paper）组成的元路径 $author_1 \to paper_1$ 和 $paper_1 \to author_2$ 可以连接成一个 $author_1 \to paper_1 \to author_2$ 表示路径两端的作者存在共同作者关系；而本章所涉及的功能（function）和技术（technology）组成的元路径 $technology_1 \to function_1$ 和 $function_1 \to technology_2$ 可以连接成一个 $technology_1 \to function_1 \to technology_2$ 的元路径表示两个技术可以实现相同的功能；技术、功能、情境（context）组成的元路径 $technology_1 \to context_1 \to function_2$ 和 $technology_1 \to context_2 \to function_2$ 同样可以连接成一个 $technology_1 \to context_1 \to function_2 \to context_2 \to technology_2$，表示两个技术可以实现相同的功能，但需分别在 $context_1$ 和 $context_2$ 的情境中得以实现。

如果将两个文本及其中的技术、功能、情境术语表示为一个具有连通路径的异质信息网络，一个有效的搜索策略对网络中节点的特征分析和节点相关性的比较是至关重要的。由于节点所连接的对象节点包含了多种类型，这就导致了节点之间连接边通常具有不同的含义，不完善的搜索策略会导致与节点对象属性相关的重要信息丢失，因而无法全面考察两个文本之间的知识相关性。

对于异质网络 G 中的任意两个节点对象 x_i 和 x_j，且 x_i，$x_j \in A_1$，可以通过元路径相关的统计量求得两个节点对象之间的相关性，如基于路径实例数量公式（5-1）、随机游走公式（5-2）、成对随机游走公式（5-3）、PathSim 公式（5-4）。

$$s_{count}(x, y) = |\{p: p \in P\}| \qquad (5-1)$$

$$s_{rw}(x, y) = \sum_{p \in P} Prob(p) \tag{5-2}$$

$$s_{prw}(x, y) = \sum_{(p_1, p_2) \in (P_1, P_2)} Prob(p_1) Prob(p_2^{-1}) \tag{5-3}$$

$$s_{PS}(x, y) = \frac{2 \times |\{p_{x \to y}: p_{x \to y} \in P\}|}{|\{p_{x \to x}: p_{x \to x} \in P\}| + |\{p_{y \to y}: p_{y \to y} \in P\}|} \tag{5-4}$$

其中，s_{count}将节点之间的相关性描述为x之间y满足元路径P的所有路径实例的数量，s_{rw}和s_{prw}以路径出现的概率作为相关性计算指标，表示以x作为起始点，y为终点的所有满足元路径P的路径实例在相同元路径规则下所有路径实例中所占的比例，二者的主要区别在于路径的搜索策略上：前者从x出发，遵照路径P和其他路径长度限制抵达y点后停止；后者则是从路径的起始节点x和终节点y同时出发，按照元路径规则P在网络中随机搜寻节点，直到抵达相同的中间节点时停止，因此成对随机游走的搜寻策略可以理解为将一个长路径拆解成两个短路径分别进行随机游走，在公式（5-3）中，$Prob(p_2^{-1})$表示满足元路径P_2的逆路径实例p_2^{-1}出现的概率，而目前较为常见的元路径多为对称结构，即满足$P = (P_1 P_1')$，$P_1 = (A_1 A_2 ... A_l)$。

然而，公式（5-1）至公式（5-3）所示的基于元路径频次统计的相关性计算方法在应用时都具有一定的偏向性，例如路径频次和随机游走的方法更适用于具有较高网络度数的节点间的相关性计算，而成对随机游走对相对密集的网络中的节点相关性计算效果更佳。此外，上述方法都无一例外地忽略了元路径所隐含的语义信息，由于相关性计算任务可以简化为根据给定的节点对象找到与其具有相似特征的同类型对象，此处的特征可以是一种情境，如文献网络中的同类型期刊，也可以是一种具体的属性，如期刊所对应的高频主题或关键词。而基于这一思想提出的节点相关性计算方法就是PathSim，该方法的核心思想如下：两个相似的同属性节点不应该仅仅存在强连接关系，还应该共享可比较的可见性。因此，PathSim将网络中任意两个节点间的相关性定义为两个节点间遵循元路径P的路径实例的数量（即连接性）与两个节点自身具有路径实例的数量（即可见性）之间的比值，计算公式如公式（5-4）所示。

该方法的应用具有两个要求：首先，要预设节点之间具有可解释语义关系的元路径；其次，元路径为对称路径。在此基础上，根据元路径依次构建相邻两个节点的邻接矩阵（adjacency matrix，W），将临界矩阵相乘求得元路径两端节点之间的传播矩阵（commuting matrix，M）（如图5-3所示），将公式（5-4）转化为公式（5-5），求得：

$$s_{PS}(x, y) = \frac{2M_{x, y}}{M_{x, x} + M_{x, y}}$$
(5-5)

再由图5-3和公式（5-5）可知，对于给定长度为l的元路径 P = $(A_1 A_2 ... A_l)$，它的传播矩阵可以表示为 $M = W_{A_1 A_2} W_{A_2 A_3} ... W_{A_{l-1} A_l}$。

元路径 P=AJA

$$M_{author_i \to journal_j} = W_{author_i \to journal_j} = \begin{bmatrix} C_{11} & \cdots & C_{1j} \\ \vdots & \ddots & \vdots \\ C_{i1} & \cdots & C_{ij} \end{bmatrix}_{i \times j}$$

元路径 P=AJTJA

$$M_{author_i \to topic_k} = W_{author_i \to journal_j} \times W_{journal_j \to topic_k} =$$

$$\begin{bmatrix} C_{11} & \cdots & C_{1j} \\ \vdots & \ddots & \vdots \\ C_{i1} & \cdots & C_{ij} \end{bmatrix}_{i \times j} \times \begin{bmatrix} C_{11} & \cdots & C_{1k} \\ \vdots & \ddots & \vdots \\ C_{j1} & \cdots & C_{jk} \end{bmatrix}_{j \times k} = \begin{bmatrix} M_{11} & \cdots & M_{1k} \\ \vdots & \ddots & \vdots \\ M_{i1} & \cdots & M_{ik} \end{bmatrix}_{i \times k}$$

图5-3　PathSim 中的传播矩阵计算示意图

5.2　异质信息网络生成与元路径设定

5.2.1　SAO语义结构提取与网络节点关系映射

本节重点介绍从专利和论文中抽取SAO语义关系结构的方法和步骤，以及如何将其与技术、功能、情境进行关联。SAO结构是表示事物之间语义关系的句法结构，可以简单地将三者的关系解释为句子的主语（subject）如何通过谓语动词（action）与宾语（object）关联起来，可以完整地表达出两件事物，也就是主语和宾语之间的关系或相互影响，类似的语义关系结构还有常见于生物医学文献知识发现研究中的SPO（subject—predication—object）。SAO作为专利和论文信息抽取的重要对象常见于专利侵权、技术监测、技术机会识别、技术构建与评价的研究当中，主要用于文本内容的表示。与基于关键词的表示方法相比，采用SAO表示文本内容的优势在于该结构包含了更为多样的语义信息，因为若干个这样的词语关系结构组合在一起可以得到一个包含丰富语义信息的词语网络，且结构中的词语又可与研发活动相关的功能、属性、问题、技术等进行关联。根据Savransky的定义，功能是改变任何对象特性的行为，这些对象可能提供关于技术用途的有效信息。Dewulf认为功能可用于确定"一个系统做什么或经历什么"，也可以表示一个系统或其子系统的一个有用的动作。功能常被表示为谓语—宾语（AO）的组合形式，而同一个结构中出现的主语（S）也被用于表示实现功能的技术。情境是文本中对技术应用和功能实现起到限定和修饰作用的信息内容，在句法解析中常作为修饰成分与主语和宾语直接连接因而并不包含在SAO结构中，情境信息的引入对于判定知识的可用性是相当重要的，特别是为特定功能的实现寻找与之关联的技术时，如果候选方案中情境信息与功能的情境信息相互冲突，选择这样的方案会无形中增加功能实现的难度。

本章同样采用SpaCy工具包完成专利和论文摘要的SAO结构提取，具体包含四个步骤。首先，对摘要文本进行分句处理；其次，根据词表筛选出可能包含技术与功能的句子；再次，对上一步得到的句子进行句法依存解析；最后，根据句子成分的依存关系完成SAO结构和情境信息的提取。本章筛选句子所用到词表是在参考文献词表基础上使用WordNet扩展得到的，词表内容如表5-1所示。

完成SAO结构的提取后，可根据表5-2中的匹配规则将结构中的成分与功能、技术进行直接关联：将句子中的动宾结构设定为功能类术语，主语设定为技术类术语。对于SAO结构中不包含的状语修饰成分，需要回到句子中抽取对功能和技术术语起到修饰限定作用的介词+宾语结构，此处的宾语通常也对应为一个名词或名词性短语，通过结构中的介词作用于它的修饰成分，表示功能实现或技术应用所满足的具体环境，介词则直接决定了被修饰对象处于情境中的具体方式。例如在

表5-2给出的实例中，"in the wireless communication network"这个情境可以表示一个功能需要在（in）无线通信网络中得以实现，因此在进行知识关联时，即使某个技术可以实现相同的功能，但应用情境在有线通信网络中，那么这种情境上的冲突就能够帮助推断出两个文本中的技术是不相关的。

表5-1 　　　　　　　　　　　句子筛选词表

单词&短语
problem，drawback，matter，trouble，defect，weak，flaw，fault，shortcoming，demerit，fail，wrong，error，harm，complain，disadvantage，bad，too，low，loss，slow，complex，complicate，frustrate，difficult，hard to，restrict，limit，disable，uneasy，uneasiness，unpleasant，inconvenient，uncomfortable，discomfort，usability，throughput，expensive，awkward，danger，pervert，fussy，fastidious，refractor，stress，distress，hurt，painful，pain，suffer，anxiety，strain，burden，tense，injury，stuck，undermine，ruin，need for，demand for，requirement for，want for，desire for，be needed，be demanded，be required，be desired，be desirable，objective of…invention，purpose of…invention，object is to，purpose is to，to minimize，to reduce，to lessen，to weaken，to diminish，to eliminate，to remove，to decrease，to maximize，to increase，to improve，to enhance，to promote，to multiply，to enlarge，to escalate，to raise，to strengthen，to expand，to address，to solve，to resolve，to settle，to remedy

资料来源　作者根据相关资料整理。

表5-2 　　　　　　　　　　　各类型术语抽取规则与实例

术语类型	规则	实例
功能	谓语（verb）+宾语（object）	minimize energy consumption；transfer energy
技术	主语（subject）	an aperture-fed patch array antenna assembly；meandering feed lines
情境	介词（preposition）+宾语（object）	in the wireless communication network；of mobile device

资料来源　作者根据相关资料整理。

在获得上述三种类型的术语后，就可以根据它们在句子中具有的关联关系及其在文本中的共现确定文本、技术、功能、情境的连接边及其属性。其中文本类节点与技术和功能节点的连接边均表示共现关系，意味着技术或功能术语在同一篇文本中出现；技术和功能的连接边表示技术对功能的实现；情境节点只与技术和功能节点连接，表示修饰关系。至此，就可将每一篇专利或论文文本表示为由上述节点和边集合构成的异质信息网络。

5.2.2　元路径的设定

根据节点和连接边的类别属性，本节预先设定可反映非专利引用关系中专利和论文在技术与功能两个维度上具有知识相关性的元路径共计8条。路径编号、缩写、路径表示的知识相关维度等信息如表5-3所示。由于Sun等人在文献网络中的实验表明，较短的元路径足以获得较好的相关性计算结果，较长的路径设定反而会降低节点相关性的计算质量，因此本书只设置了2个和4个长度的元路径。

表5-3　　　　　　　　　　　　预设元路径信息

维度	编号	元路径	缩写	语义
技术	PT1	专利→技术→论文	Patent→Tech→Paper	文献提及相同的技术
	PT2	专利→功能→技术→功能→论文	Patent→Fun→Tech→Fun→Paper	文献提及相同的技术可以实现相同的功能
	PT3	专利→情境→技术→情境→论文	Patent→Cont→Tech→Cont→Paper	文献在特定的情境中提及相同的技术
功能	PF1	专利→功能→论文	Patent→Fun→Paper	文献提及相同的功能
	PF2	专利→技术→功能→技术→论文	Patent→Tech→Fun→Tech→Paper	文献采用特定的技术实现相同的功能
	PF3	专利→情境→功能→情境→论文	Patent→Cont→Fun→Cont→Paper	文献在特定的情境中实现相同的功能
情境	PC1	专利→技术→情境→技术→论文	Patent→Tech→Cont→Tech→Paper	文献中的技术在相同的情境中应用
	PC2	专利→功能→情境→功能→论文	Patent→Fun→Cont→Fun→Paper	文献中的功能在相同的情境中实现

资料来源　作者根据相关资料整理。

在表中所列的路径当中，编号为 PT、PF、PC 的元路径分别描述了具有引文关系的专利和论文在技术、功能、情境维度上的知识相关性，如"专利→技术→论文"描述了两个文本在技术层面的关联关系，说明该技术在两个文本中均有提及。类似地，"专利→功能→论文"则为文本在功能维度上的关系，表示两个具有引用关系的文本实现了相同的功能。与基于单词统计学特征的向量空间模型相比，基于元路径的知识相关性测量能够反映两个文本知识相关的内在逻辑，即科学研究中的技术可以实现技术创新实践的功能需要，这就意味着科学知识具有走出实验室用于解决现实问题的潜力，科学研究也就拥有了直接应用的价值，根据技术转移理论的观点，这也是科学论文中所记录的新知识能够被专利引用并转化为应用产品的重要原因。需要注意的是，本章只设定了两个反映情境维度的元路径，这是因为异质网络中文本节点与情境节点不具有连接边，情境只对技术和功能节点起到修饰和限定作用，因此对形如"专利→情境→论文"的路径实例不予考虑。

5.3　基于异质信息网络的专利与论文知识相关性计算

本章将知识相关限定为专利和论文在技术功能层面的知识相关，表现为两个文本中提及了相同或相似的技术与功能术语，并可以通过形如"专利—技术—功能—技术—论文"的关系链将它们关联起来，引文关系则可以被解释为两个文本中的技术能够实现相同的功能或相同的技术被用于实现不同的功能。相应地，知识相关的度量则是用于衡量两个文本在上述知识层面的关联强度，多以文本相似性、引文强度、网络距离等指标来进行替代表示。

知识相关的度量在信息检索、文本分类、文档聚类、主题探测等领域中的广泛应用一直受到信息科学领域学者们的关注，经过多年的发展和完善已形成一系列满足不同任务需求的度量方法。以引文强度作为知识相关的度量方式多用于文献计量或专利计量领域，是一种基于网络结构的相关性表示方法，该方法基于这样一种假设：对于处于相同网络中的两个节点，与之连接的相同节点数量越多，那么这两个节点越相似。而在文献计量中，不同的专利或论文之间连接的相同文献又可以区分为引文耦合和同被引两种关系，由于引文耦合反映的是两个文本共有的参考文献，因此一旦确立是不会发生改变的，反映的是文本间的静态关联，而同被引是新文献对旧文献的引用，因而会随时间的变化而发生改变。这种基于引文强度的知识相关性计量方法除了应用于专利和论文的相关性研究之外，还可以通过文献映射到科学与技术领域、作者与科研机构等，以此反映不同对象之间的知识关联。网络距离实际上也是一种基于网络结构的知识相关性度量方法，距离表示从一点出发抵达另一点所需的步数，所需的步数越长，网络距离越远，节点越不相关；步数越短，距离越近，两个节点越相似。本章5.1.3节所介绍的基于元路径的节点相似或相关计算方法也是整合了网络中节点距离和连通路径数量（连接强度）两个维度的特征对节点的知识相关性进行度量，只不过在路径搜索时通过元路径预先确定节点的距离就是元路径的长度。

采用文本相似度表示知识相关性的方法和技术可分为两个大类：基于上下文（context-based）和基于知识（knowledge-based）的相关性计算方法，前者通常只使用文档中所包含的文本信息用于文档或概念间的相似度计算，后者则根据文档内容从外部知识库中抽取一部分信息作为对被比较文档的补充说明。在基于内容的相关性计算方法中，最为常见的文档表示方法为向量空间模型，该方法将每个文档表示成一个加权的高维度向量，向量的维度通常取决于文档中具有某些特征的单词的数量。正如本书第3章的研究结论，该方法的主要局限在于此种文档表示模型以不同文本中具有相同的词语为前提，不能够很好地处理一词多义和同义词的情况，在一种假定的极端情况下，如果文本中提及的内容是相关的但用词全然不同，那么文本知识相关性的度量结果只能为0，即不能够反映两个文本中知识的真实联系。另一个比较经典的基于内容的文本相关性计算方法为浅层语义分析（latent semantic analysis，LSA），该方法假定在已知的文档集合中存在一种浅层的语义结构，采用奇异值分解的方法对关键词—文档矩阵进行降维，以此达到对文档集合中语料进行表示的目的。

基于知识的相关性计算方法又可以分为基于本体和基于网络知识两个主要方向。其中基于本体的方法是利用通用或领域本体的结构、信息内容、属性等特征对词语间的距离进行表示，再用于计算文本间的相关性。与前面介绍的基于内容的方法相比，基于本体的方法应用具有更多的限制。首先，需要具有满足任务需求的高质量本体，本体的质量是算法效率的重要影响因素之一。尽管如 WordNet 这样的高质量通用本体并非难以获得，但其最大的问题在于缺少专有名词、领域术语等内容，因此在面向领域的文本相关性计算任务时，往往不会取得很好的效果。而领域本体虽然可以很好地解决这一问题，但本体构建的成本依然是相当高的。其次，多数本体是封闭式的，可扩展性较差，无法根据人类世界中知识的增加而进行同步更新，也就导致在面对诸如新闻、微博、学术论文等时效性强、新术语层出不穷的文本时，该类方法的有效性将受到影响。

相比之下，随着维基百科、DBpedia、百度百科等覆盖范围更广、知识描述更加全面、信息内容更新更加迅速的在线开源知识库的不断出现和发展，基于知识网络的相关性计算方法越来越受到关注，代表性的算法有显性语义分析（explicit semantic analysis，ESA）、显著语义分析（salient semantic analysis，SSA）、语境语义分析（context semantic analysis，CSA）等。显性语义分析的核心思想是将文本中的重要信息映射到外部知识网络中，将外部知识和文本内容进行整合以构成文档的特征向量，再根据向量空间的比较算法间接求得文档之间的相关性。显著语义分析首先利用 Wikipedia 构建一个语料，语料中的概念和显著性被清楚地注释，再根据这个语料来构建单词的描述文件并用于测量单词和文本的语义相关性。为了实现在任何采用语义网络标准（如 RDF）进行表达的知识库上进行相关性的计算，Benedetti 等提出了语境语义分析，该方法首先将一个文档表示为一个从 DBpedia 中抽取的包含语境信息的知识子图，文档中一个概念的权重由其在子图中的权重表示，并且在信息检索任务中取得了很好的效果。基于领域知识网络的相关性计量主要是从如 Wikipedia、DBpedia 这样的外部知识库中抽取与表示文档研究内容的重要概念相关的概念集合，从而实现对文档语境的外延以丰富相似度计算中的特征维度。而本章除了用到5.1.3节介绍的基于元路径的知识相关性计算方法，还将基于知识内容的相关性计算方法作为补充，两个方法的应用将在5.3.2节和5.3.3节中分别介绍。

5.3.1　基于连通路径实例的知识相关性计算方法

首先介绍在两个文本之间存在可连通路径实例的知识相关性计算方法。如图5-4所示，采用5.2节的方法可从具有非专利引用关系的专利和论文文本中分别提取技术术语T1和T2，且二者同时提及了功能术语F1和F2，据此，可根据文本功能术语的共现将两个异质信息网络进行整合生成图5-4下端更大的网络，而网络中连接边的权重由概念间的共现频次计算得到。接下来，根据表5-3中的预设元路径对两个文本之间存在的路径实例进行搜索，可得到 ρ_1 = Patent → F1 → Paper，ρ_2 = Patent → F2 → Paper，ρ_3 = Patent → T1 → F1 → T2 → Paper，ρ_4 = Patent → T1 → F2 → T2 → Paper，共计四条路径实例，其中 ρ_1，ρ_2 ∈ PF1，ρ_3，ρ_4 ∈ PF2。

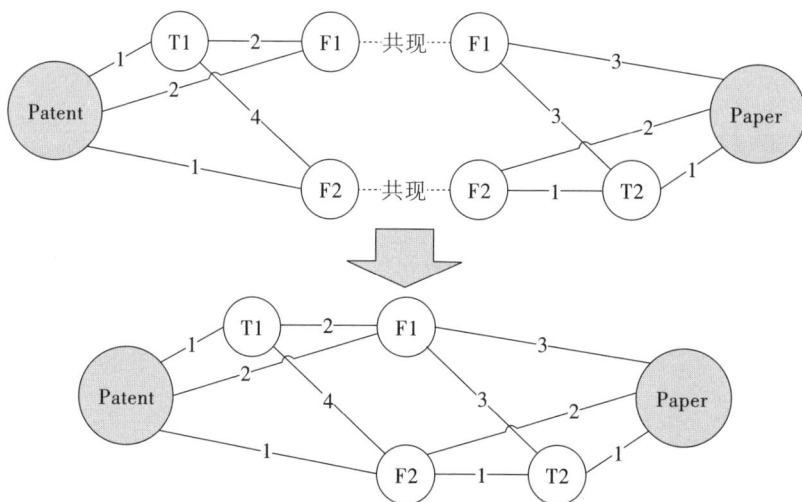

图5-4　存在路径实例的异质信息网络

对于这种文本间存在路径实例的情况，本章采用PathSim方法可直接计算网络中两个文本节点之间的相关性，即通过邻接矩阵求得节点的传播矩阵，再根据公式（5-4）求得文本在功能/技术维度上的相关性。于是，

根据路径实例构建遵循PF1的文本→功能邻接矩阵 $W_{text \to fun} = \begin{bmatrix} 2 & 1 \\ 3 & 1 \end{bmatrix}$，矩阵行向量的维数i为网络中文本节点的数量，此处i = 2，列向量维数j为共现的功能节点数量，取j = 2，因为元路径PF1的路径长度同样为2，此时的邻接矩阵即为传播矩阵，即 $M_{PT1} = W_{text \to fun}$，可直接根据公式（5-5）求得专利和论文之间的相关性 $S(PT1|patent, paper) = \frac{14}{15} \approx 0.93$。类似地，根据元路径PF2的路径实例构建文本→技术术语的邻接矩阵 $W_{text \to tech} = \begin{bmatrix} 1 & 0 \\ 0 & 1 \end{bmatrix}$，技术→功能的邻接矩阵 $W_{text \to fun} = \begin{bmatrix} 2 & 4 \\ 3 & 1 \end{bmatrix}$，求得传播矩阵 $M_{PT2} = W_{text \to tech} \times W_{tech \to fun} = \begin{bmatrix} 2 & 4 \\ 3 & 1 \end{bmatrix}$，$S(PT2|patent, paper)$

$= \frac{2 \times (2 \times 3 + 4 \times 1)}{(2^2 + 4^2) + (3^2 + 1^2)} \approx 0.67$。最后，采用公式（5-6）对基于两个元路径求得的相关性进行整合，其中l为元路径的长度，得到最终两个文本在功能层面的知识相关性得分 $S(PT|patent, paper) = \frac{1}{2} \times 0.93 + \frac{1}{4} \times$

$0.67 = 0.6325$。

5.3.2 基于外部知识库的知识相关性计算方法

从第3章的研究结果可知，在具有引用关系的专利和论文文本中，接近80%的非专利引文对的文本相关性要小于0.1，大于0.5的样本数量不及全部样本的6%（如图3-7所示）。因此，基于词频的文本向量构建方法在非专利引用文本间存在低共现或无共现词语时无法体现文本知识的相关性，这就导致无法根据词语共现对两个具有引用关系的文本的异质网络进行有效整合，极大减少了可根据预设元路径搜索到的路径实例数量。因此，除了基于元路径的知识相关性计算方法，本章还将采用另一种基于外部知识网络的相关性计算方法，即当具有非专利引文关系的文本之间无法识别到共有技术或功能术语时，借助外部知识库DBpedia[1]对文本中的术语进行概念外延计算两个文本在领域知识网络

---

[1] 下载地址：https://wiki.dbpedia.org/.

中的接近性，再将该结果与5.3.2节方法算得的结果进行整合即可求得两个文本知识相关性度量的最终结果。

利用外部知识库的文本知识相关性计算过程如图5-5所示，共分为领域网络抽取、文本向网络映射、相关性运算三个步骤。在领域网络抽取部分，首先确定目标研究领域并检索该领域的专利及其科学引文文本集合，并从文本中抽取技术与功能术语。由于该术语集合需要作为SPARQL的查询输入从DPpedia返回的领域知识网络子图，因而此处采用DBpedia Spotlight将技术功能术语转换为DPpedia中的命名实体，并根据该实体集合提取与特定领域功能和技术相关的知识网络[①]。表5-4显示了一个SPARQL查询示例，该查询能够提取配置文件中声明的类型，其中"［TYPE］"被每个声明的类型替换，相似的操作可用于属性信息的提取。

表5-4   SPARQL类别查询示例

SELECT ? R ? L
WHERE ｛
? R rdf: type dbpedia: ［TYPE］;
rdf: llabel ? L.
｝

资料来源 作者根据相关资料整理。

文本向网络的映射是在领域知识网络中定位专利和论文中技术与功能实体位置的过程，对于待计算知识相关性的两个文本，可以按照本章5.2.1节的SAO结构提取步骤先完成文本的句子切分工作，然后使用DBpedia Spotlight对每个句子进行命名实体识别，再根据句法解析结果提取包含命名实体的SAO结构并按照表5-2的规则获得技术功能实体。最后，定位两个文本全部功能技术实体在领域知识网络中的位置用于后续计算。相关性运算是计算两个术语集合在领域网络中距离的处理模块，此处用于计算的术语集合则分别代表了两个待计算知识相关性的文本，接下来的内容则重点介绍计算两个术语在网络中

---

① 下载地址：https://www.dbpedia-spotlight.org/.

距离的方法。

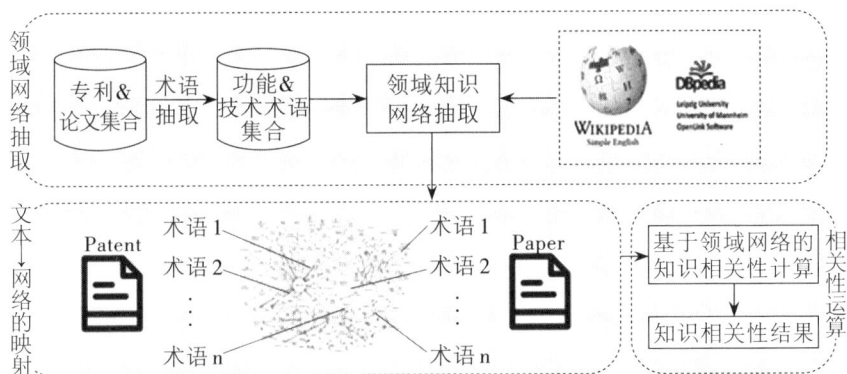

图 5-5　DBpedia 辅助的相关性计算过程

　　首先需要说明的是，DBpedia 将概念（术语）以网络中节点的形式进行表示，以第 3 章所提及的 3D 打印技术为例，与该技术领域相关的科学家、学科、作用机制等概念都可表示为节点，并且这些节点通过属性（properties）可以连接起来，例如 is_product_of 的属性可连接 "3D" 和 PMD 技术，经典力学又可以通过 is_know_for 与领域的知名科学家 Ali Progri 和 Stephen Wiggins 连接起来。事实上，从 DBpedia 中抽取的知识网络也是一个异质信息网络，却要比本章 5.2 节基于两个文本生成的网络更为复杂，且在计算两个术语在网络中的距离时，不仅要考虑连接两个节点的路径长度，还要考虑连接的属性。

　　在常见的同质网络节点的相关性计算中，相关性可以通过节点在网络中距离的倒数进行表示，相距很远的两个节点是不相关的，并且每个节点都与自身完全相关。将相关性解释为距离的函数其优势在于这是一个经过充分研究的领域并具有可直接应用的算法，只需确定每个连接边的权重就可以将距离计算为连接两个节点的所有路径的最小长度。但在异质网络中，如果只将相关性表示为节点在网络中的距离就存在一些问题。例如，在图 5-6 所示的知识网络示意图中，位于中间位置的三个椭圆节点代表了三家企业，其中 Maker Bot 和 Airwolf 3D 通过属性 "in industry of" 与 "3D printing" 连接，而另一家企业 20th Century Fox 通过相同属性连接的节点为 "Movie"，此外，三个企业共同通过 "located in"与节点"USA"连接，表示它们均坐落于美国。如果在计算企业节点的相关性时只考虑距离不区分连接属性而赋予"located in"和"in industry of"两条边相同的权重，则 Airwolf 3D 到 Maker Bot 的最短距离和它到 20th Century Fox 的最短距离一样，相同的计算结果意味着 20th Century Fox 与 Maker Bot，Airwolf 3D 与 Maker Bot 具有同等的相关性，但显然不应该是这样的，处于相同产业的企业相关程度应该越高。因此，在利用外部网络计算节点相关性时赋予不同的连接不同的权重对于运算结果的准确性是非常重要的。

此处采用Leal等人提出的接近度（proximity）概念对节点之间的相关性进行度量，该指标反映的是文本中的两个术语在外部知识网络上接近的状态，且在计算时不仅关注节点之间的最短路径，还要平衡节点之间具有路径的数量。在基于网络结构的节点相关性计算过程中，连接两个节点的最短路径越长，节点越不相似；同理，一条连通路径由不同的边构成，如果一个属性边只出现在较长的路径中，那么属性边对于接近度的计算不重要，据此则可以实现对边的加权。

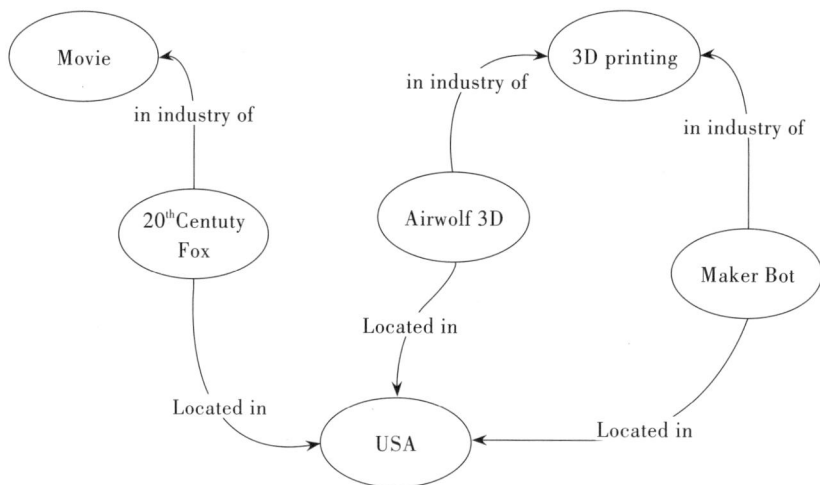

图5-6　3D打印技术领域知识网络

在计算两个节点的接近度时，首先将分别从专利和论文中抽取的概念术语A和B作为初始节点，搜寻与两个节点直接连接的属性边及节点集合，将节点集合中的各节点与初始节点的距离设为0。接下来，只需迭代这个属性边的搜索策略即可获得连接两个初始节点的全部路径。如图5-7所示，在这个简化网络中，共包含了两次前面介绍的属性边搜索过程，经过第一轮的搜索，节点A和B分别得到与它们直接连接的节点集合{E，D，C}和{F，D，C}，对两个集合求交集可得到共有节点集合{D，C}，由此可以得到连接初始节点的两条路径，分别为A－D－B和A－C－B，且从A到B的距离为1，而从A到B则至少需要2步，据此，可使用公式（5-6）计算该路径上的属性边在接近度计算时的权重，其中 AD = DB = AC = CB = $\frac{1}{2^3}$。第二轮搜索迭代前一轮的过程，将E和F分别作为初始节点搜索距离为0的节点集合再求交集得到共有节点G，于是在A和B之间找到一条距离为3的路径，路径长度为4，计算得到该路径上的属性边权重 AE = EG = GF = FB = $\frac{3}{4^3}$，当达到最大迭代次数时则搜索停止。至此，如果要计算专利和论文的知识相关性，只需先通过上述方法计算两个文本技术功能实体集合任意两个节点的接近度即可，而节点的接近度可以表示为集合中接近度的均值、最大值或最小值。

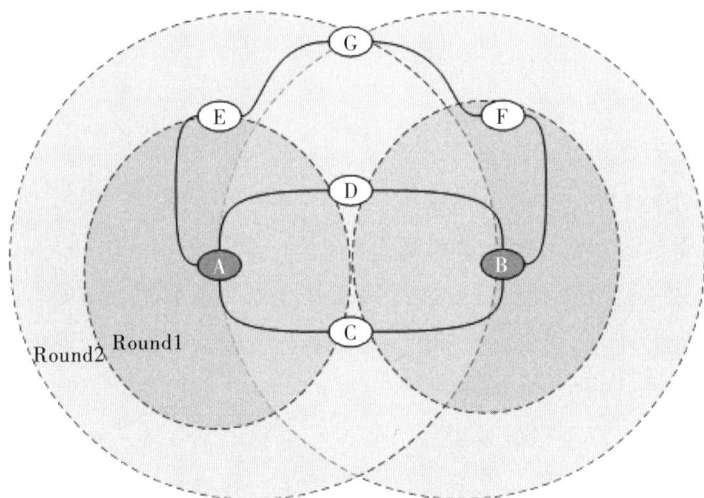

图5-7 节点接近度计算示意图

$$W_{edge} = \frac{d}{l^3}$$

(5-6)

最后整合本书第4章、第5章的研究成果，使用公式（5-7）计算得到具有非专利引文关系的专利和论文间的知识相关性。在该公式中，$R_{content}$ 表示利用本书第4章方法抽取到的关键词集合所构成的词向量算得的相关性，$R_{pathsim}$ 和 $R_{dbpedia}$ 则分别为本章5.3.2节基于元路径和5.3.3节基于外部知识库计算得到的相关性得分，再与各自的权重相乘求和算得最终的得分，其中 $\alpha + \beta + \gamma = 1$。

$$Relatedness(x,\ y) = \alpha \times R_{content}(x,\ y) + \beta \times R_{pathsim}(x,\ y) + \gamma \times R_{dbpedia}(x,\ y)$$

$$(5-7)$$

5.4 算法评估与讨论

5.4.1 实验设计

本章提出的知识相关性计算方法包含了文本内容相关、"技术—功能"关联、知识网络距离三个维度的特征，旨在解决词向量模型对共现词汇较低文本的知识相关性度量时的无效性。在算法评估部分，本节以第3章使用的向量空间模型作为 baseline 与本章提出的知识相关性方法进行比较，重点比较两个方法能否从专利的科学引文中识别出与专利技术功能相关的科学研究。

算法的评估分为两个部分，首先比较两个方法对同一组文本的相关性计算结果是否具有明显的差异。该评估基于这样一种假设，即根据本书第3章的研究结论，在使用 baseline 方法计算技术功能相关的专利和论文时会出现指标得分较低的情况，如果本章的方法能够准确地反映两个文本之间具有的"技术—功能"关联，那么采用新方法对相同的文本进行测量时，指标得分会发生较大的正向位移。其次邀请领域专家对两次计算结果发生较大和较小位移的文本进行知识相关性判断，比较两组数据中包含的技术功能相关文本数量是否具有差异，如果本章提出的相关性计算方法有效，则在具有较大相关性得分位移的样本集合中应包含更多的技术功能相关文本；反之，在得分位移较小的样本集合中技术功能相关的文本数量应大于或等于得分位移较大的样本集合。

5.4.2　基于统计学的算法评估

本章 5.3.2 节和 5.3.3 节所介绍的文本知识相关性计算方法，实际是从"技术—功能"视角测算了专利与论文文本中知识相关性的，与关键词所揭示的文本内容相关性不同，此处采用的相关性计算方法更加强调科学论文中的知识能否应用于技术创新。因此，如果本章的方法有效，那么与 baseline 方法的计算结果相比，应具有以下特点：首先，对于传统方法已经能够正确计算知识相关性的样本，新方法的计算结果应该与 baseline 的计算结果存在较高的一致性；其次，对于传统方法无法正确反映其知识相关性的样本（真实值低于或高于测量值的情况），使用新方法计算的结果发生较大的变化。

用于算法评估的数据来自本书第 3 章使用过的非专利引文样本，为 12 546 对 3D 打印技术领域的专利—论文引文对。在参数设定方面，计算 $R_{dbpedia}$ 时所使用的概念节点在外部知识网络路径搜索最长步数为 5；使用文本间技术与功能术语接近度的均值表示两个文本的接近度；$R_{content}$ 计算用到的关键词抽取比例为 50%；Relatedness(x, y) 中的三个权重分别为 α = 0.2，β = 0.3，γ = 0.5。全部参数确定后开始对算法进行评估。

图 5-8 绘制了本章方法和 baseline 对同一组专利和论文文本测得的知识相关性结果，横纵坐标分为 baseline 和本章方法测得结果，图中的每一个点表示一个专利—论文引文对，采用线性回归对两个方法的计算结果进行线性拟合，并将拟合的回归线同样绘制在图中。从该图中不难看出，本章方法与 baseline 的计算结果间具有较为明显的线性关系，统计样本集中分布在对角线周围，相关系数 R = 0.8393，表明两个方法计算得到的文本知识相关性之间存在较强的正相关关系，$R^2 = 0.7045 > 0.7$，回归方程总体显著性检验 $F = 2.64e^{-23}$，模型的拟合效果较好，拟合得到的直线方程为 y = 0.085 + 0.8216x，拟合直线与 y 轴之间具有大于零的截距项，意味着本章方法的计算结果与 baseline 相比发生了位

移，从散点图中数据的分布来看，baseline 计算结果在［0，0.4］区间上的样本的偏移量最大，即对于在此得分区间的专利与论文样本，本章方法计算的知识相关性结果要高于 baseline 方法。

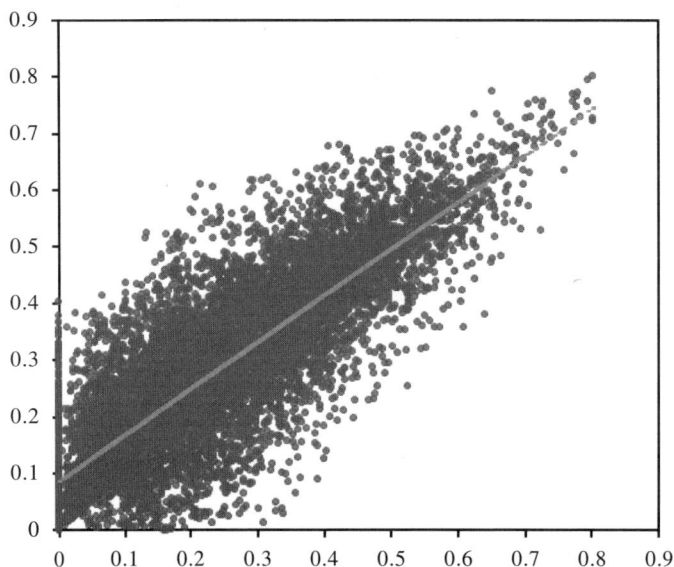

图5-8 两种方法计算结果的样本散点图

为了进一步对该结果进行说明，对不同得分区间上的计算结果分段进行线性拟合，图5-9和表5-5显示分段拟合的结果并不理想，本章方法与 baseline 计算结果之间不存在显著的线性关系，但不难看出，对于采用 baseline 方法计算得到知识关联小于 0.4 的样本，拟合直线位于图中对角线的上部，表明对于该区间的引文样本，本章方法计算得到了比 baseline 更高的知识相关性结果。类似地，对于大于 0.4 区间上的样本，本章方法计算得到的结果较基准方法偏低。对以 0.4 为界限的两个区间上的样本进行统计（如表5-6所示）发现，对于 baseline 计算结果在［0，0.4）区间上的样本，采用本章方法计算得到的相关性得分均值要高于 baseline，满足在 0.01 的显著水平下的 t 检验，与此同时，［0.4，1］区间上的样本采用两种方法计算的结果并无显著差异，图5-10中的得分分布也说明，采用本章方法进行计算时，曲线的峰值出现向右偏移。

表5-5   分段拟合结果

区间	Multiple R	R Square	Significance F	截距项	斜率
[0, 0.1)	0.3626	0.1315	4.40068E-81	0.0867	0.8264
[0.1, 0.2)	0.3286	0.1080	2.4587698E-82	0.0638	0.9693
[0.2, 0.3)	0.3109	0.0966	4.75415E-66	0.0439	0.9645
[0.3, 0.4)	0.3247	0.1054	1.06196E-50	0.0259	0.9941
[0.4, 0.5)	0.3228	0.1042	1.0683E-28	0.0430	0.9299
[0.5, 0.6)	0.3357	0.1127	5.98846E-14	0.0366	0.9021
[0.6, 0.7)	0.3763	0.1415	1.77565E-06	-0.0179	0.9584
[0.7, 1]	0.4423	0.1957	0.005418902	0.1642	0.7366

资料来源　作者根据相关资料整理。

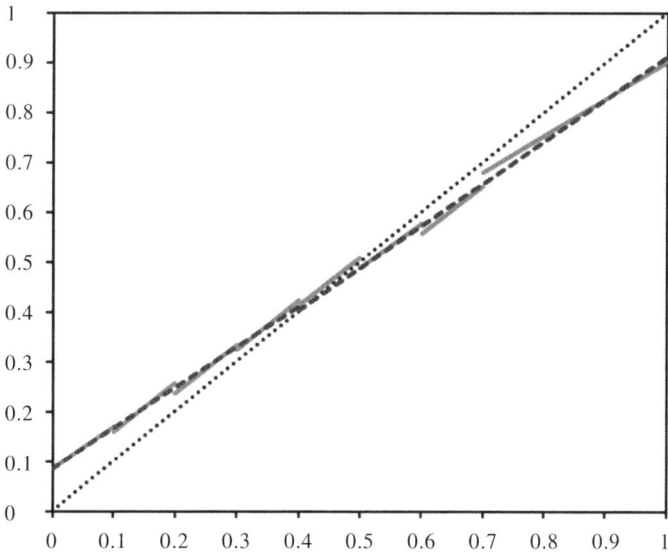

图5-9　分段线性拟合结果

表5-6 区间样本得分均值

得分区间	baseline	本章方法
[0, 0.4)	0.188324755	0.239070869**
(0.4, 1]	0.492097584	0.490842046

资料来源 作者根据相关资料整理。

注：*：$p<0.05$；**：$p<0.01$

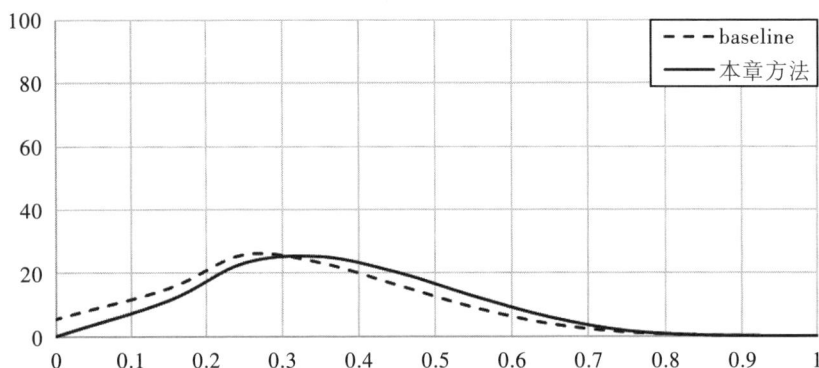

图5-10 知识相关性得分分布

　　为了明确相关性得分分布发生右移的原因，进一步比较了两个方法中由关键词向量算得的知识相关性结果。图5-11绘制了baseline方法各得分区间上的样本在采用第4章算法抽取关键词并计算内容相关性时的得分变化，也就是$R_{content}$的计算结果，该图横坐标为baseline计算的得分，纵坐标为$R_{baseline} - R_{content}$的结果，此处并未对$R_{content}$进行加权处理。可以看出在利用关键词集合进行知识相关性计算时，本章方法的计算结果普遍低于baseline。其中，当baseline算得的知识相关性为0时，本章方法算得的关键词同样为0，这是因为baseline所采用的知识相关性计算方法以词语共现为基础，如果算得的两个文本知识相关性为0，意味着施引专利和被引论文的摘要中不存在共现词语，虽然本章采用了第4章的关键词抽取方法，但在计算文本间知识的相关性时，仍以词语共现为前提，因此同样算得为0。

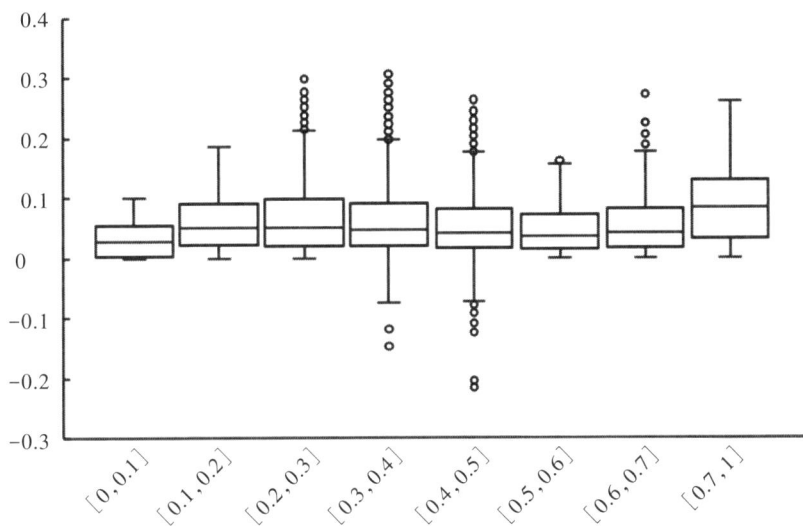

图5-11　各区间样本相关性得分差值箱线图

　　随着横轴所示的相关性得分的增加，区间样本集合中最大差值的
变化表现为先增加后减少，且在小于0.3的得分区间上，横坐标的区
间取值越小，两种方法计算结果差值的均值越趋近于0，此区间上数
据的聚合程度越高，相比之下，高得分区间上差值的离散程度则更
高。这是因为在［0，0.3］区间上的专利—论文引文对中，两个文本
共同拥有的关键词本就很少，由于本章使用到的关键词抽算法与
baseline差异较大，在此基础上算得词向量的余弦相关性也会更小。对
于［0.3，0.5］区间上的样本，出现了本章方法计算结果高于baseline
的情况，但此类样本在该区间3 156个样本中占比不足2%，只出现了
63例，在［0.5，1］的区间上，同样未出现本章方法计算结果高于
baseline的情况。

　　上述分析结果表明，对于词语共现率较低的专利—论文引用样
本，本章方法所采用的关键词抽取方法与baseline加权算得的结果差
异不大，对于词共现较高的样本，两种方法算得结果的差异更为明
显，尽管少数样本出现了本章方法算得结果高于baseline方法的情况，
但样本数量很少，从总体上看，在基于关键词集的文本知识相关性计
算时，本章方法算得的结果普遍低于baseline，因此可以推断，造成图

5-9中分段线性拟合结果在低得分区间上的回归线位于对角线之上以及表5-6中 [0，0.4] 区间样本本章方法算得的相关性均值高于baseline，主要是由于元路径和外部知识库算得的知识相关性结果引起的。

为了证明上述观点，首先将baseline方法算得的结果划分为低、中、高三个区间，分别计算各区间样本采用两种方法算得知识相关性的差值与 $R_{content}$ 和 $\Delta R_{pathsim} + \Delta R_{dbpedia}$ 差值之间的皮尔森相关系数。已知本章方法算得的知识相关性得分表示为 Relatedness = $0.2 \times R_{content}$ + $0.3 \times S_{pathsim}$ + $0.5 \times S_{dbpedia}$，baseline算得的知识相关性表示为 $R_{baseline}$，两个方法计算结果的差值表示为 $\Delta R = Relatedness - R_{baseline}$，由关键词部分算得结果导致的变化表示为 $\Delta R_{content} = R_{content} - R_{baseline}$，由元路径和外部知识库方法导致的相关性变化表示为 $\Delta R_{pathsim + dbpedia} = R_{pathsim} + R_{dbpedia} - R_{baseline}$，$\Delta R$ 与 $\Delta R_{content}$ 和 $\Delta R_{metapath}$ 之间的相关系数见表5-7。

表5-7　　　　　　　**各区间样本相关性得分变化的相关系数**

	ΔR		
	[0，0.3]	[0.3，0.6]	[0.6，1]
$\Delta R_{content}$	0.0051	0.0163	0.1182*
$\Delta R_{pathsim + dbpedia}$	0.2156**	0.0045	−0.059

资料来源　作者根据相关资料整理。

注：*：p<0.05；**：p<0.01。

表中结果显示，$\Delta R_{content}$ 在低、中两个区间上与 ΔR 并不存在统计学显著的相关关系，而在 [0.6，1] 的区间上则具有0.9水平下的正相关关系，即 ΔR 和 $\Delta R_{content}$ 的变化方向一致；而 $\Delta R_{pathsim + dbpedia}$ 则与 $\Delta R_{content}$ 的结论正好相反，在 [0，0.3] 区间表现出了与 ΔR 的强正相关，其余两个区间的相关性则并不显著。这一结果可以说明，对于baseline得分在较低区间的样本，两种方法算得结果的变化主要由 $\Delta R_{pathsim + dbpedia}$ 部分的变化引起，而对于高区间的样本，变化则主要由 $\Delta R_{content}$ 引起，虽然

$\Delta R_{pathsim + dbpedia}$ 与 ΔR 的相关系数在该区间上为负，但该结果并未得到统计学上的支持，因此无法断定二者之间存在相关关系。

相关性分析结果表明，本章方法在对 baseline 低得分区间样本的知识相关性计算时，两种方法计算结果的差值主要由 $\Delta R_{pathsim + dbpedia}$ 的变化引起，对于该区间上的专利—论文引用样本，虽然本章提出的知识相关性计算方法可以引起最终计算结果的变动，但并不足以证明在该区间上 ΔR 越大，施引专利和被引论文中的知识相关性越高。

5.4.3 基于领域专家知识的算法评估

本节邀请 3D 打印技术领域专家通过内容分析法对具有引文关系的专利和论文文本的知识相关性进行判断，并根据本书 3.3.4 节提出的 4 种知识相关类别完成对文本的分类。如果本章提出的知识相关性计算方法有效，应能够更好地识别出具有技术功能相关的专利论文引文对。为此，本节重点检验 ΔR 较大的非专利引文样本中的科学论文是否对创新工作具有直接的应用价值，即 ΔR 较大的专利—论文引文对是否包含了更多技术功能相关文本。为了比较专家分类结果在不同样本集间存在的差异，同样将待评估数据分为实验组和对照组，并在不告知专家分得数据所在组别的情况下请他们完成算法的评估工作，领域专家的信息见第 3 章。

下面介绍用于专家评估的数据抽样步骤。首先，根据 5.4.2 节本章方法和 baseline 计算得到的专利、论文知识相关性结果对数据样本进行分类。图 5-12 绘制了以 $R_{baseline}$ 为横坐标，以 ΔR 为纵坐标的数据散点图，可知在横坐标为 [0，0.3] 的区间、纵坐标为 [0，1] 的矩形区域附近，样本分布最为集中，ΔR 的最大值 $\Delta R_{max} = 0.4018$，在 $R_{baseline} \in$ [0.2，0.3] 区间取得。由此可根据 ΔR 的结果将样本分为正常组和异常组两个大类，其中正常组是指两次相关性计算结果变化不大的数据，即 $\Delta R \rightarrow 0$。这意味着如果一个样本采用两种方法算得的结果趋同，则可认为 baseline 和本章方法能够正常反映论文与专利文本的相关性。同理，ΔR 数值较大则表明两种方法算得的结果存在差异，需要对结果不一致进行解释。

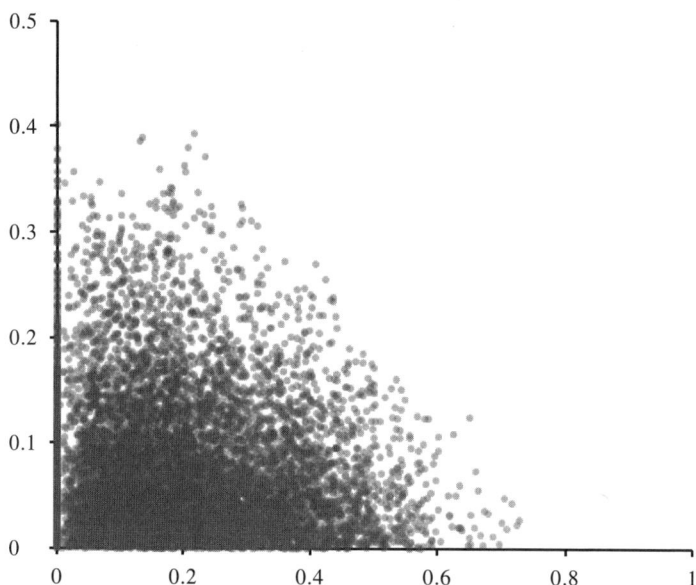

图 5-12 ΔR > 0 的样本分布散点图

　　作者从 $R_{baseline}$ 的各得分区间上选择 ΔR 排名前 1%（异常组）和后 1%（正常组），共计 278 对专利—论文引文样本用于专家评估，样本构成见表 5-8，$\Delta\overline{R}$ 表示每组数据的 ΔR 样本均值。将 6 位专家分为 3 组（A 组、B 组、C 组），每组分得约 92 个样本。向专家解释本书第 3 章提出的 4 种知识相关类别后，要求专家根据自身专业知识对专利和论文的知识相关类型进行独立判断，并使用简单 Kappa 系数对每组专家的分类结果进行一致性检验。分类共进行了三轮，第一轮分类结果显示，三组专家分类的 Cohen's Kappa 值均低于 0.6，分类结果并不理想，为此作者组织了一次线上会议，重新明确了 4 种知识相关类别的概念界定并以文本实例进行说明，再对各专家分类过程中遇到的困难或者疑问进行统一解答。第二轮分类结束后，经统计三组专家分类的 Kappa 值为 A 组：0.86、B 组：0.75、C 组：0.79，具有较好的分类一致性。最后，作者分别与三组专家就分类不一致的想法展开讨论，最后达成共识并得出统一的分类结果。

表5-8   专家打分样本构成

$R_{baseline}$ ／ ΔR	[0，0.3]		[0.3，0.6]		[0.6，1]	
前1% (异常组)	第1组	85个引用对 $\Delta \overline{R} =0.3257$	第3组	35个引用对 $\Delta \overline{R} =0.2520$	第5组	19个引用对 $\Delta \overline{R} =0.1689$
后1% (正常组)	第2组	85个引用对 $\Delta \overline{R} =0.0004$	第4组	35个引用对 $\Delta \overline{R} =0.0004$	第6组	19个引用对 $\Delta \overline{R} =0.0035$

资料来源 作者根据相关资料整理。

    分析之前，首先计算278个引文样本中各知识相关类别的数量，结果见图5-13。由图可知，创新依存的知识相关类别中具有最高的样本量，共包含114个样本；其次是技术功能相关类别包含91个样本；背景知识类别包含的样本数最少，仅为9个，剩余的64个样本属于主题概念相关。根据各知识相关类型文本在$R_{baseline}$区间上的分布可知（见图5-14（a）），异常组样本中随着$R_{baseline}$的增加，主题概念知识相关的文本份额在[0.4，1]的区间上呈增长趋势，技术功能知识相关类别的情况则正好相反，在[0，0.5]的区间上该类文本所占比例逐渐减小。此外，知识背景相关的文本只出现在了[0.3，0.4]区间上，而属于创新依存类的文本则主要集中在小于0.3的区间上。图5-14（b）所示的正常组样本在各知识相关类型中的分布则与异常组具有显著的差异，首先在4个知识相关类别中，创新依存类文本的占比最高，并且集中出现在$R_{baseline}$<0.4的区间上，随着$R_{baseline}$的增加，该类别的文本份额逐渐减少。其次与异常组在高得分区间上的分类结果类似，正常组中属于主题概念相关的文本主要出现在$R_{baseline}$>0.5的区间上。再次属于技术功能相关的文本只出现了10例并分布在[0.3，0.4]的区间上。最后知识背景相关中的文本数量要明显高于异常组，7个样本全部分布于[0.4，0.5]的区间上。

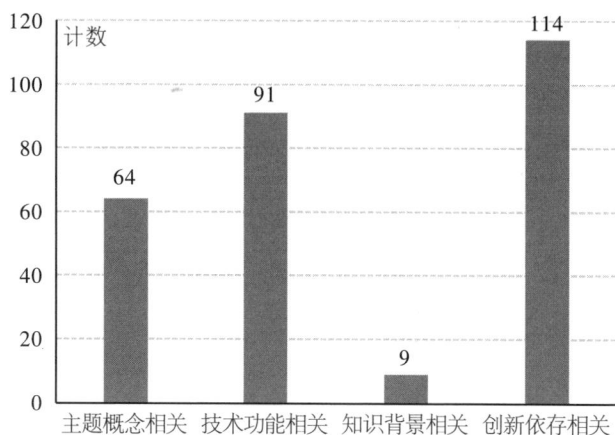

图5-13　各知识相关类型样本统计

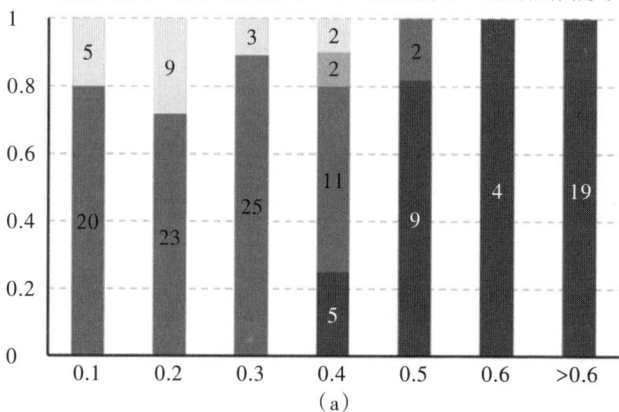

（a）

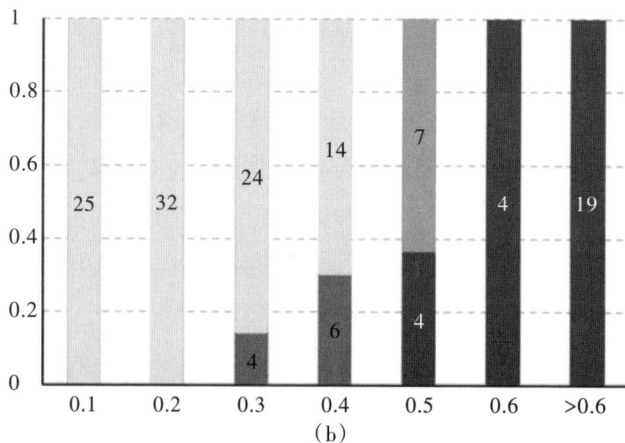

（b）

图5-14　异常组和正常组中样本的知识相关类型分布

依次赋予主题概念相关、技术功能相关、知识背景相关、创新依存相关的文本 4~1 的得分（$R_{experts}$），计算得到正常组和异常组中样本的 $R_{experts}$ 均值分别为 1.7770 和 2.9784。计算 $R_{baseline}$、ΔR、$R_{experts}$ 三个与知识相关性有关的指标均值、标准差和相关系数，以及指标间关系的强度和方向。由表 5–9 可知，$R_{baseline}$ 和 ΔR 呈显著负相关关系（$r = -0.221$，$p < 0.01$），说明在专家评估的样本集合中，采用 baseline 方法算得 $R_{baseline}$ 较小的引文样本，采用本章方法会计算得到较大的相关性结果。$R_{baseline}$ 与 $R_{experts}$ 呈现显著正相关关系（$r = 0.608$，$p < 0.01$），ΔR 与 $R_{experts}$ 也显著正相关（$r = 0.608$，$p < 0.01$）。

表5-9　　　三个知识相关性指标的均值、标准差和相关系数

	$R_{baseline}$	ΔR	$R_{experts}$
$R_{baseline}$			
ΔR	-0.221^{**}		
$R_{experts}$	0.608^{**}	0.401^{**}	
均值	0.2805	0.1432	2.380
标准差	0.2016	0.1500	1.233

资料来源　作者根据相关资料整理。

注：*：$p<0.05$，**：$p<0.01$。

再使用方差分析依次比较异常组和正常组样本在三个 $R_{baseline}$ 区间上的得分和 $R_{experts}$ 之间是否存在显著差异，由表 5–10 的结果可以知，在 $R_{baseline} \in [0, 0.3]$ 和 $[0.3, 0.6]$ 两个区间上，异常组中样本的 $\overline{R}_{experts}$ 取值分别在 0.01 和 0.05 的统计水平下显著高于正常组，说明对于 $R_{baseline}$ 取值较低的专利和论文文本，如果采用本章方法算得的知识相关性较高，则专家评估也会认为该类引文中的论文文本有辅助技术创新的潜力；如果本章方法算得的知识相关性得分较低，专家更趋向于认为专利科学引文中的知识与在技术创新工作中的直接应用仍存在一定的差距。当 $R_{baseline} > 0.6$ 时，异常组和正常组中样本 $\overline{R}_{experts}$ 并无显著差异，换言之，此时无论本章方法算得的知识相关性结果与 baseline 有怎样的差别，专

家均认为该区间上的文本具有较高的知识相关性。

表5-10 指标得分方差分析结果

$R_{baseline}$	$[0, 0.3]$	$[0.3, 0.6]$	$[0.6, 1]$
异常组	$\overline{R}_{experts}$ =2.6386 （P =0.00<0.01）	$\overline{R}_{experts}$ =3.3429 （P =0.0168<0.05）	$\overline{R}_{experts}$ =4
正常组	$\overline{R}_{experts}$ =1.0964	$\overline{R}_{experts}$ =2.2286	$\overline{R}_{experts}$ =4

资料来源 作者根据相关资料整理。

5.5 本章小结

　　本章在整合第4章研究成果的基础上提出了可从非专利引文中识别具有技术创新潜力科学研究的专利和论文知识相关性计算方法。本章提出的知识相关性计算方法包含了对文本在知识内容相关、"技术—功能"关联、知识网络距离三个特征维度上相关性的测量，以本书第3章使用到的向量空间模型作为baseline，结合领域专家的分析结果对本章方法的有效性和科学性进行了系统评估。研究结果表明，对于baseline方法无法识别到的与专利文本具有高知识相关性的科学研究，采用本章提出的相关性计算方法识别效果较好，即本章方法计算的知识相关性结果能更好地揭示共现词语较少文本的知识相关性。

第6章　科学与技术文本知识相关性的应用研究

　　创新是提高个人和组织的核心竞争力，促进个人学习和组织进步的关键要素。一般来说，集体、社会活动和科学合作产生的创新思想可以导致非凡的技术创新。因此，从不同的知识领域寻找合适的合作伙伴对于有效、成功的组织协作和创新至关重要。已有研究表明，由不同创新主体参与的协作网络可以优化资源配置、共享知识成果、提高组织绩效。基于科学的技术创新也正是由企业和以高校为代表的非营利科研机构，通过建立合作伙伴关系与科技创新协作网络所从事的科技创新实践。正因如此，企业能否采用科学有效的方法选择适合的技术合作伙伴将直接影响其自身的技术创新效率。

　　在相关研究中，合作伙伴选择的依据主要包括四个类别：网络结构视角、知识相关视角、合作多样性视角、外部合作视角。网络结构视角认为，参与主体的网络位置与网络结构有关，而位置又影响了参与者获取和控制信息的能力，网络的发展取决于内部结构要素。因此，应当将位于网络中关键位置、具有高影响力、强信息控制力的机构作为优先选择的合作伙伴。知识相关视角认为，不同机构所处领域间具有知识相关性是促成机构间合作的前提，当知识共享嵌入写作网络时，知识转移就成为各成员间互动的一部分。Rothaermel 和 Boeker 指出，当组织结成联盟时，企业寻找合作伙伴时总是要求潜在的合作伙伴具有一定的知识相似性和互补性。Dushnitsky 等人的研究也发现，知识合作始于知识异质性，尤其是互补性知识，知识互补机构的合作也更有可能实现知识利用和创造的最大化。

　　类似地，合作多样性视角并不主张将合作局限于某一类特定的机构，而应通过丰富的合作伙伴关系促进多元化的知识交流，拓宽合作者的视野以解决特定的技术问题，并从中获取额外的资源来提高研发质量。外部合作是新产品研发活动中较为常见的策略，与外部专业人员的联系可以拓宽研发者获取解决问题资源的渠道，在交流中也更易产生新的想法。此外，广泛的外部合作会帮助研发者积累更为丰富的社会资本，占据社会网络中的关键位置，因此加强外部合作也被认为是寻找、获取、调动外部资源的重要保障。

　　以上研究说明，合作伙伴选择是组织从事技术创新活动的重要组成部分，即便研究视角各不相同，却也强调了知识类别、知识获取、知识利用、知识交流在确立合作关系中的重要地位。得益于信息技术的快速发展，已有的分析方法和专业化技术工具为企业的研发合作伙伴选择提供了更为便利和可靠的决策支持，加强企业和科研机构间的合作也是企业获取丰富知识、降低研发成本、提高资源利用效率的有效手段。

　　在知识相关视角下的合作伙伴选择研究当中，合作主体间知识相关的判别多停留在研究主题、研究领域、研究内容等宏观层面。然而，对于企业所从事的基于科学的技术创新实践，候选科研机构与企业在上述层面的知识相关只是合作的基础。为了缩短项目周期，提高研发效率，掌握行业领先技术，企业还应重点关注那些具有高水平科研能力且研究方向和科研成果具有高创新应用潜力的科研机构。本书提出的科学和技术文本知识相关性计算方法创新性地将论文和专利在技术—功能维度的语义特征整合于度量指标当中，能够更好地反映技术功能相关文本中知识的关联性。因此，将上述方法计算的相关性结果融入合作伙伴评价指标体系当中，就能够更好地体现科研机构研究成果对于企业技术创新的潜在应用价值。

为了说明本书提出的相关性计算方法的优越性，本章以 3D 打印技术领域的技术专利和科学论文为分析对象，介绍如何将该方法应用于企业的技术创新合作伙伴识别任务当中，重点揭示将该相关性结果作为合作伙伴评价指标对识别结果的影响，以此实现本书第 3 章至第 5 章研究成果的综合应用。本章的研究内容和研究思路如下：

首先，利用本书第 5 章提出的知识相关性计算方法从 3D 打印领域专利的科学引文中识别出对该领域技术创新工作具有应用潜力的科学研究。其次，将专利的国际分类代码（IPC）和从论文中识别的关键词分别作为技术领域和科学知识的替代表示，并通过非专利引文关系在两者之间建立关联矩阵。在此基础上，对企业专利中的 IPC 进行提取和计算，建立企业—技术领域关联矩阵；从科研机构发表的论文中提取表示科学研究知识的关键词集，建立科研机构—科学知识关联矩阵。最后，将上述三个矩阵相乘得到企业与科研机构的关联矩阵，即根据企业的技术特点和专利布局，从科学与技术互补和相互促进的视角辅助企业的技术创新合作伙伴选择。本章的技术路线如图6-1所示。

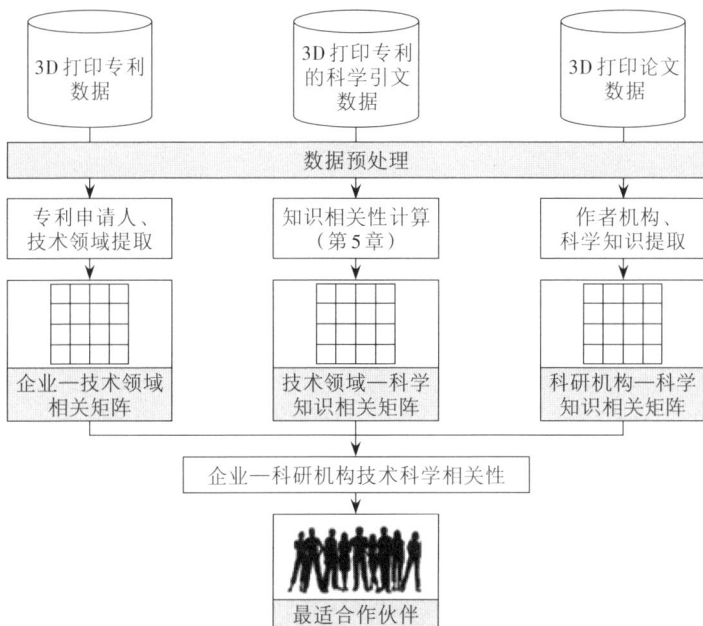

图6-1　第6章技术路线图

6.1 基于技术专利的企业——技术领域关联分析

6.1.1 3D打印技术专利的采集与预处理

采用与本书第3章相同的专利检索表达式从INNOJOY专利搜索引擎中检索USPTO授予的全部3D打印主题技术专利共计259 610篇。根据世界知识产权组织（WIPO）的定义，国际专利分类代码是1971年在《斯特拉斯堡协定》中确立的一种由独立语言符号构成的等级分类体系。截至2019年，该分类体系中的专利和实用新型被划分到8个部类、131个类、646个子类和超过七万个组当中，每个组由一个阿拉伯数字和拉丁字母组成的分类号构成。作为一种世界通用的专利分类和检索标准，IPC被广泛地应用于主流的专利数据库中，也正因如此，学术研究中常将IPC代码作为技术领域的替代表示。因此，本章从专利著录项中提取IPC代码的前四位作为技术领域的划分依据，以避免采用细分类构建技术领域—科学知识关联矩阵时所导致的矩阵稀疏问题。经统计，3D打印技术相关的专利数据中共涉及759个技术领域，从部类分布图6-2可知，检索到的专利主要分布在"化学；冶金（C）""电学（H）""机械工程；照明；加热；武器；爆破（F）"三大部类中，部分高频技术领域及IPC代码如表6-1所示，涵盖了数字处理、设备控制、印刷工艺等多个方面。

在此基础上，对专利权人进行统计分析，并选取专利数量排名前10的企业为研究对象，结合企业技术特点和科研机构领域研究优势以及二者之间的知识相关性，为企业选择对其自身技术创新具有支持与推动作用的合作伙伴，10家企业的信息和专利申请数量见表6-2。

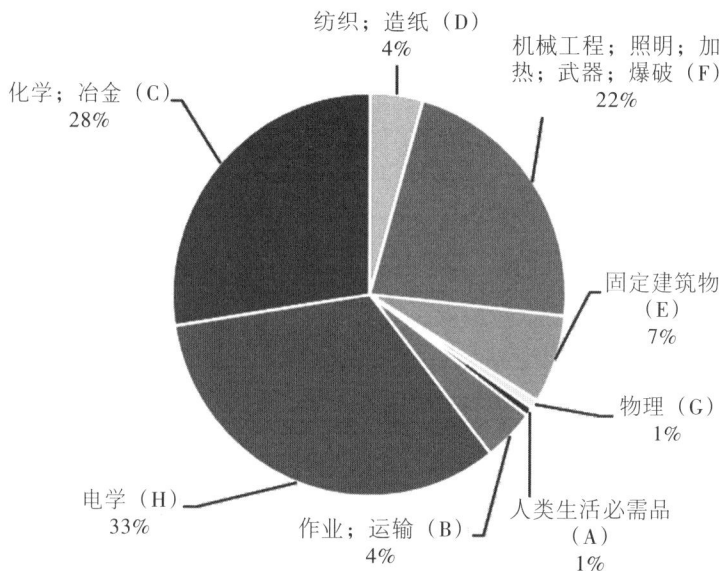

图6-2　3D打印技术专利IPC部类分布

表6-1　　　　　　　　3D打印技术专利排名前10的IPC代码

排名	IPC四位代码	技术领域
1	G06F	电数字数据处理
2	B41J	打字机；选择性印刷机构，即不用印版的印刷机构；排版错误的修正
3	G06K	数据识别；数据表示；记录载体；记录载体的处理
4	H01L	半导体器件；其他类目中不包括的电固体器件
5	H04N	图像通信，如电
6	H05K	印刷电路；电设备的外壳或结构零部件；电气元件组件的制造
7	G03G	电记录术；电照相；磁记录
8	G06Q	专门适用于行政、商业、金融、管理、监督或预测目的的数据处理系统或方法；其他类目不包含的专门适用于行政、商业、金融、管理、监督或预测目的的处理系统或方法
9	H01R	导电连接；一组相互绝缘的电连接元件的结构组合；连接装置；集电器
10	B32B	层状产品，即由扁平的或非扁平的薄层，例如泡沫状的、蜂窝状的薄层构成的产品

资料来源　作者根据相关资料整理。

表6-2　　　　　3D打印技术领域专利数排名前10的企业

排名	企业	专利数量	国家
1	佳能 CANON KK	972	日本
2	爱普生 SEIKO EPSON CORP	881	日本
3	三星电子 SAMSUNG ELECTRONICS CO LTD	812	韩国
4	施乐 XEROX CORP	733	美国
5	索尼 SONY CORP	661	日本
6	伊士曼柯达 EASTMAN KODAK CO	636	美国
7	陶氏杜邦 DU PONT DE NEMOURS CO E I	601	美国
8	通用电气 GENERAL ELECTRIC CO	568	美国
9	半导体能源实验室 SEMICONDUCTOR ENERGY LAB	483	日本
10	IBM INT BUSINESS MACHINES CORP	458	美国

资料来源　作者根据相关资料整理。

6.1.2　基于专利文本的企业技术特征分析指标构建

从259 610条3D打印技术专利数据中筛选出上述10家企业专利权人专利数据，共计12 169条，采用专利增长率、技术复杂性、专利集中度、相对技术优势四个专利计量指标，对各企业的技术特点和技术竞争力进行定量分析。

（1）专利增长率

专利增长率又称专利成长指数，是一种被广泛用于衡量企业参与研发活动的积极性以及一段时间内企业技术创新活动发展速率的企业技术竞争力评价指标。一般来说，该指标需要与企业专利数量指标一起使用，后者反映了一个企业技术研发实力，由于此处选择了3D打印技术领域中专利授权量排名前10的企业用于分析，默认企业具备较强的研发实力，因此只使用专利增长率指标对企业技术的成长能力进行刻画，由于专利的授予与否不仅受到企业专利活动的影响（如专利文本的书写是否规范、申请专利的技术是否具有创新性等），还受到专利审查制度等诸多不可控因素的影响，因而采用企业专利申请数量用于指标的计算，企业第i年专利增长率的计算公式见式（6-1）：

$$\text{专利增长率}_i = \frac{\text{专利申请数量}_i - \text{专利申请数量}_{i-1}}{\text{专利申请数量}_{i-1}} \times 100\% \tag{6-1}$$

（2）技术复杂度

技术复杂度是指专利涉及技术领域的多样性，Stirling在其关于技术与社会多样性的研究中指出，"多样性"是指技术涉及的知识主体数量、均衡性、差异性，对企业技术多样性的评价则可以反映出企业在整合多领域知识用于技术创新的能力。一般来说，一个企业专利所属的技术领域数量越多，各技术领域中的理论、研究方法、研究工具等方面的差异性越大，技术的复杂性也就越高。在技术复杂性的测度方面，认可度较高的一种方式是将专利中IPC前四位代码作为技术领域的替代表征，此处采用相同的方式对企业技术的复杂性进行计算，表示为企业所有3D打印技术专利的IPC代码数量与专利数量的比值。

（3）专利集中度

集中度概念源自产业组织理论，用于衡量一个产业中的普遍竞争状态。专利集中度则被用于研究特定主体所拥有的专利在不同空间范围内的分布情况，此处专指企业专利在不同技术领域（IPC类）的分布，由企业在技术领域的专利总量求得，指标计算见公式（6-2）：

$$专利集中度 = \sum_{i=1}^{n} X_i / \sum_{j=1}^{N} X_j \qquad (6-2)$$

在上式中，X_i 为企业专利数量排名第 i 位技术领域中专利的数量，N 为企业专利涉及的全部技术领域数量。从指标的计算过程不难看出，专利所属的技术领域数量越少，专利在特定技术领域的分布越集中，企业的专利集中度越高。

（4）相对技术优势

相对技术优势是表征企业相对于竞争对手的技术优势，由 Schmoch 于 1995 年提出，用于衡量企业在不同技术领域的相对专利强度和技术比较优势，被学者广泛用于企业技术竞争力和企业竞争战略的研究中。林静静等对原始指标计算方法进行改进，由企业在某技术领域中专利的份额除以其他竞争者在相同技术领域的专利比重再加总平均得到。本章计算的相对技术优势是企业在特定领域的技术优势，因而修改了原公式中的求和部分，转而采用公式（6-3）进行计算：

$$相对技术优势(i, j) = (X_{ij} / \sum_{j=1}^{M} X_{ij}) / (\sum_{i=1}^{N} X_{ij} / \sum_{i=1}^{N} X_{ij} \sum_{j=1}^{M} X_{ij}) \qquad (6-3)$$

其中，X_{ij} 表示企业 i 在技术领域 j 的专利数量，N 为全部企业数量，此处 N = 10，M 为企业 i 专利涉及的技术领域数量。

6.1.3　3D打印技术主要企业的技术特征分析

指标构建完成后，对 10 家企业的技术专利进行分析。首先，图 6-3 绘制了各家企业的年均专利增长率，其中三星电子具有最高的专利增长率，其次是半导体能源实验室和通用电气，虽然佳能与爱普生两家企业在 3D 打印专利数量上具有绝对优势，但专利增长数量并不明显，相比之下，专利数量排名后 3 位企业的专利增长率均高于它们，由于专利增长率是用于描述企业研发活力的指标，因此该结论也可以表述为专利数量相对较少的企业显示了较高的企业创新活力。

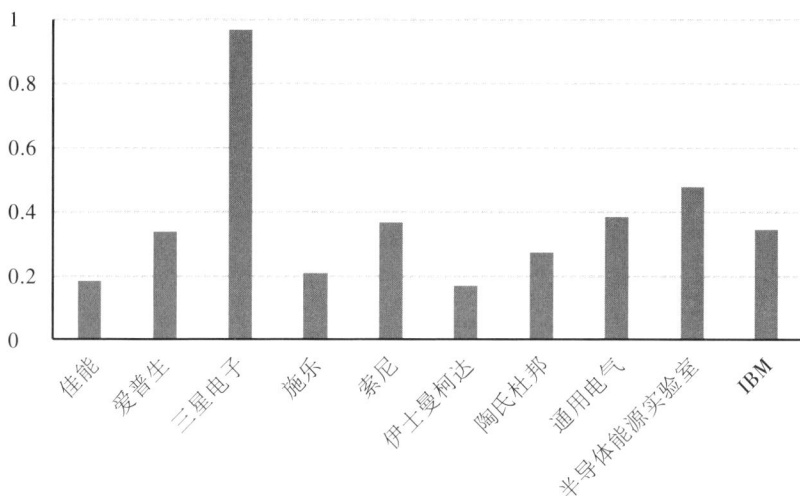

图6-3　企业专利增长率

其次，图6-4展示了10家企业专利数量与专利IPC数量的统计结果，柱状图表示企业专利涉及的IPC数量，对应的散点为算得的专利复杂度。将企业根据其专利数量由高到低在横坐标轴依次排开，IPC数量最多的企业为通用电气，其次是陶氏杜邦，而半导体能源实验室的IPC数量最少。图中所示的指标计算结果表明，专利数量具有优势的企业其技术复杂度并不一定很高，例如佳能与爱普生两家企业的技术复杂度就明显低于陶氏杜邦和通用电气。此外，对于专利数量排名前5的企业，技术复杂度随专利数量的减少而增加，进一步比较可以发现，这5家企业专利涉及的IPC数量相近，此时技术复杂度提高主要是由专利数量减少而导致的。然而，这一结果并不能说明专利数越多的企业其技术复杂度越低，也有可能存在某些IPC在企业的专利中只出现了极少次的情况，因此进一步分析各家企业专利的IPC累积分布情况。

图6-5绘制了企业IPC频次的累积分布曲线，横坐标为IPC频次标准化后的结果，纵坐标为小于等于横坐标频次的IPC数量在全部IPC数量的比重，图中曲线的曲率越大，企业专利在IPC上的分布越集中；反之，曲率越小，专利在各IPC的分布越分散，更为均匀。在图6-5（a）所绘的10条曲线中，IBM和半导体能源实验室专利在IPC上的分布更为

集中，而陶氏杜邦、施乐、伊士曼柯达三家企业专利的分布则更加分散，佳能、爱普生、三星电子等专利数量有绝对优势企业的曲线则位于上述两类曲线之间，各曲线的差异在放大［0，0.2］区间后的图6-5（b）中可以观察得更为明显。

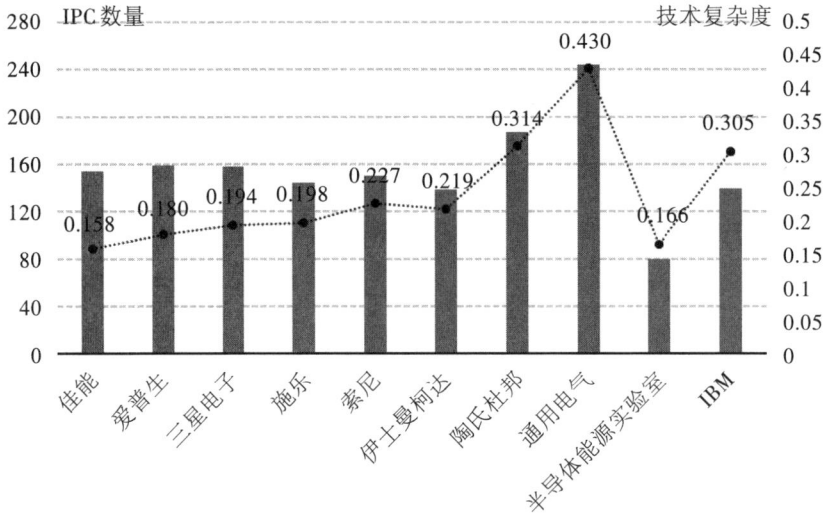

图6-4　企业专利IPC数量与技术复杂度

表6-3进一步列出了各企业频次小于5的IPC的比重，综合专利数量和技术复杂度结果可知，通用电气专利的复杂度确实要高于其他几个企业，一方面其专利所属的IPC数量更多，另一方面其低频次IPC的比重要低于绝大多数被调查企业。佳能公司虽然申请的专利数量众多，但涉及的IPC数量在全部企业中并不具有优势，与此同时，出现频率小于5的IPC超过了全部IPC的64%，这一比重要明显高于其他两个专利数量排名前三的企业。需要注意的是，虽然半导体能源实验室的技术复杂性得分最低，但无论是低频次IPC比重还是累积分布曲线的曲率在企业中都处于较低水平，而根据企业的相关信息不难发现，其专利所呈现的低技术复杂度主要由较为单一的技术研发方向所引起，该企业的研发项目主要集中在与半导体材料相关的太阳能电池制造、OLED等光学器件开发和可充电电池三个领域，因此专利所涉及的IPC数量并不宽泛。

(a)

(b)

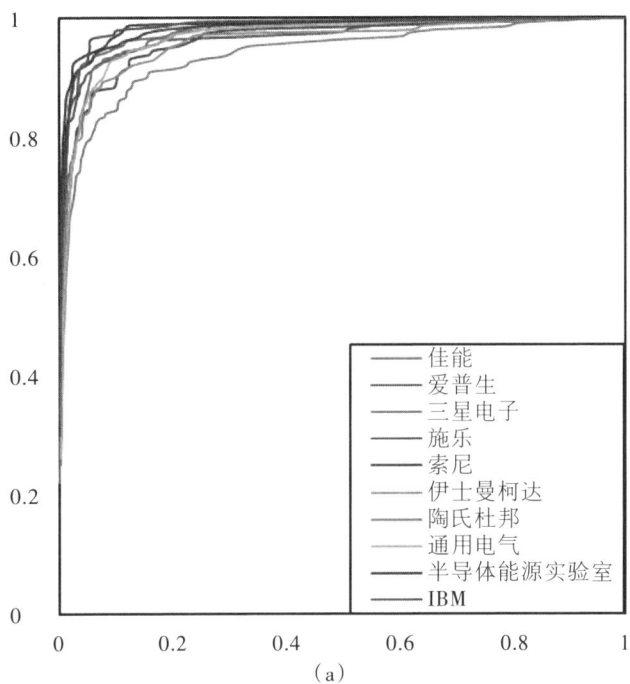

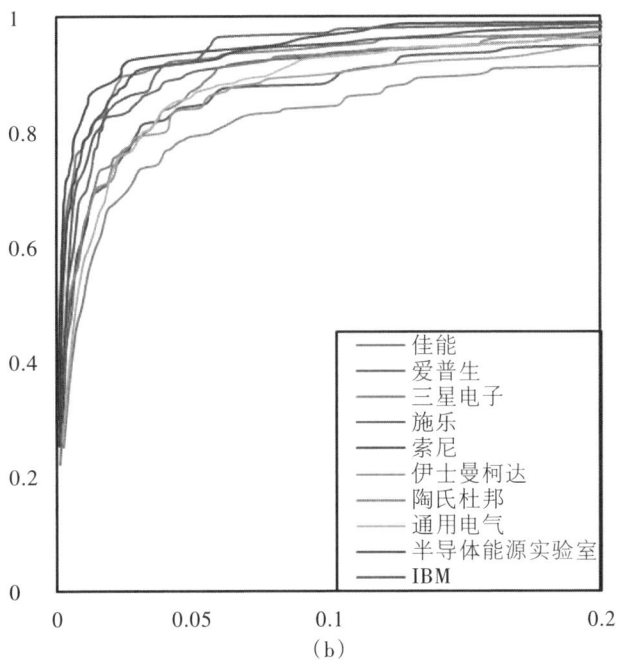

图6-5　IPC累积分布图

表6-3   **频次小于5的IPC比重**

企业	IPC百分比	企业	IPC百分比
佳能	0.643	伊士曼柯达	0.633
爱普生	0.566	陶氏杜邦	0.556
三星电子	0.487	通用电气	0.574
施乐	0.614	半导体能源实验室	0.588
索尼	0.640	IBM	0.707

资料来源　作者根据相关资料整理。

　　低技术复杂度并不意味着企业会失去技术优势，作者进一步统计了企业专利中出现的高频技术领域IPC及专利集中度（表6-4），并根据高频技术领域及其专利分布计算企业技术的余弦相关性（表6-5）以及主要技术领域的相对技术优势（图6-6），再以技术复杂性和相对技术优势分别为横、纵坐标轴，以企业的指标均值为区分点划分象限，构建了技术竞争位势矩阵，并绘制企业在该二维结构矩阵中的位置（图6-7），对于主要技术领域相关性较高的企业，采用相同的图例进行标记。最后，分析总结出企业在3D打印技术领域的专利特点。

表6-4   **高频IPC与专利集中度**

企业	集中度	高频IPC	企业	集中度	高频IPC
佳能	0.605	H04N；B41J；G03G；G03B；G02B	伊士曼柯达	0.510	G03C；H04N；B41J；B41M；G03B
爱普生	0.579	B41J；H01L；G02F；H05B；G09G	陶氏杜邦	0.335	C08L；B32B；H01L；C08K；C09D
三星电子	0.474	H04N；H01L；G09G；G06F；G02F	通用电气	0.357	C08L；C08K；C08G；B32B；C23C
施乐	0.606	H04N；H01L；G09G；G02F；G06F	半导体能源实验室	0.814	H01L；H05B；G02F；H01M；G09G
索尼	0.470	B41J；G03G；C09D；H04N；B32B	IBM	0.560	H01L；G06F；G03F；H05K；H04N

资料来源　作者根据相关资料整理。

表6-5   企业技术相关性矩阵

企业	佳能	爱普生	三星电子	施乐	索尼	伊士曼柯达	陶氏杜邦	通用电气	半导体能源实验室	IBM
佳能										
爱普生	0.270									
三星电子	0.622	0.430								
施乐	0.579	0.484	0.974							
索尼	0.599	0.524	0.120	0.112						
伊士曼柯达	0.625	0.253	0.373	0.348	0.424					
陶氏杜邦	0	0.230	0.252	0.226	0.147	0				
通用电气	0	0	0	0	0.040	0	0.713			
半导体能源实验室	0	0	0	0	0	0	0.423	0		
IBM	0.078	0.503	0.667	0.600	0.015	0.047	0.409	0	0.926	

资料来源　作者根据相关资料整理。

　　首先，通用电气和陶氏杜邦是同时具有高技术复杂度且相对技术优势明显的两家企业，虽然两家企业的专利数量并不具有优势，但专利所涵盖的技术领域最为广泛，由此造成了企业专利高技术复杂度的特征，而二者突出的相对技术优势则由其不同于其他企业的主要技术领域引起。根据表6-4可知，两家企业的专利主要分布在化学冶金部类中的C08L（高分子化合物的组合物）、C08K（使用无机物或非高分子有机物作为配料）和作业运输部类中的B32B（层状产品，即扁平的或非扁平的薄层）三个技术领域，其中高分子有机物和化合物主要是指用于3D打印的喷墨，层状的薄膜结构则是打印的基础，三维结构的铸造可以理解为由二维平面材料堆积而成，因此平面材料物理、电、化学等性质也决定3D打印产品的相关性能。通用电气和陶氏杜邦具有相似的主要技术领域，而根据图6-6，上述技术领域对应的IPC其他企业并未涉及或相对优势不明显。企业技术竞争位势矩阵如图6-7所示。

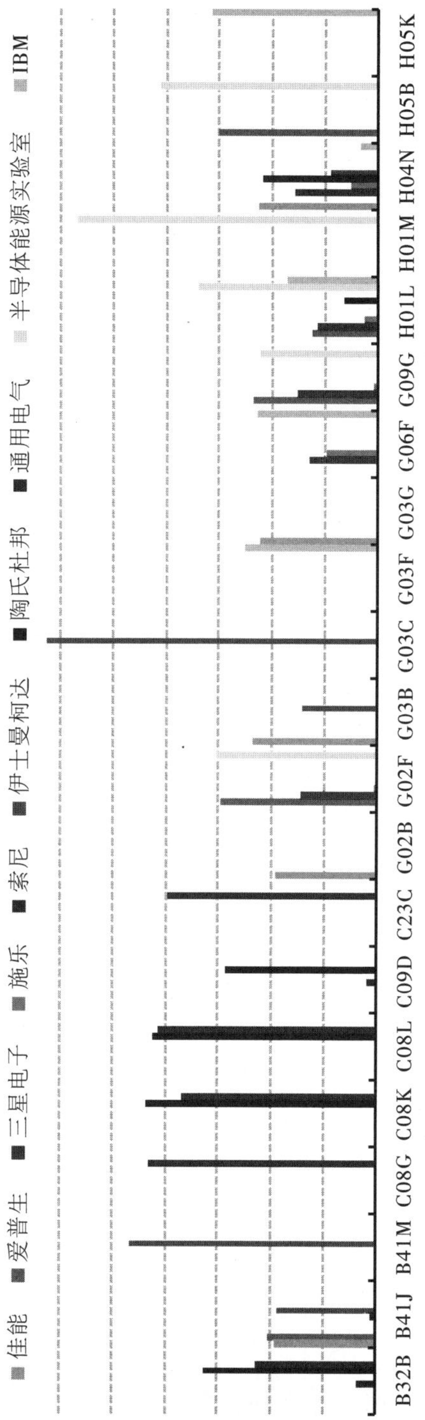

图6-6 企业相对技术优势

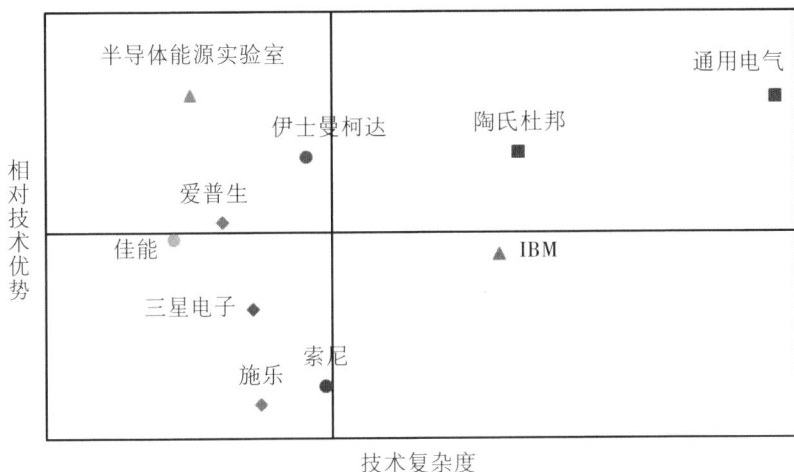

图6-7 企业技术竞争位势矩阵

其次，爱普生、三星电子、施乐具有相似的主要技术领域和技术复杂度，专利集中分布在与半导体材料相关的 H01L 领域和与光电控制装置相关的 G02F、G09G 领域。对它们在矩阵中的位置进行分析可以发现，爱普生的相对技术优势更为明显。事实上，对于爱普生的 5 个主要技术领域，其专利数量和相对技术优势均为所有企业中最高，企业在上述领域中处于技术领先地位。相比之下，三星电子只在 G06F 一个技术领域具有最高的相对技术优势，但从专利数量增长率来看，企业表现出了极高的研发活力，即使当前技术优势并不明显，也具有在更多领域追赶成为技术领先者的可能。与上述企业具有相同位势的企业还有伊士曼柯达、索尼、佳能。其中，佳能在其主要技术领域中具有最高的专利数量，但伊士曼柯达在 B41M（印刷、复制、标记或拷贝工艺）和 G03C（立体照相中的光感材料）两个领域中却具有极高的相对技术优势，领域中专利的分布更为集中。

最后，半导体能源实验室和 IBM 有着最为相似的主要技术领域，专利主要分布在与半导体材料相关的光电转化器件和装置的研发方面，与其他企业的主要技术领域存在极大的差异。与此同时，半导体能源实验室还具有所有企业中最高的相对技术优势和最低的技术复杂度，主攻 3D 打印技术在半导体相关细分领域的应用，同领域技术专利的绝对数量远高于其他企业，是专一化战略赢得行业竞争的典型例子。半导体能源实验室在技术复杂度方面虽远不及通用电气，专利总量也远低于佳能，但专利在 H01L 细分领域中的分布则极为全面，涵盖了全部 16 个子类，企业凭借其在氧化物半导体的晶体管、液晶、光电、电池材料及器件研发方面的技术优势与知识积累，将 3D 打印技术应用于复杂器件的制造工艺中，既降低了研发成本，又以极具差异化的优势技术领域抵御了行业内其他竞争力量的威胁。

6.2 基于科学论文的科研机构——科学知识关联分析

6.2.1 3D 打印科学论文数据采集与预处理

采用与本书第 3 章相同的论文检索表达式从 Web of Science 中检索与 3D 打印机技术相关的学术论文，检索到 2015 年 12 月 31 日以前发表的学术论文共计 55 857 篇，再从中筛选出发文量排名前 10 的科研机构及发表的学术论文共计 5 075 篇，剔除由合著引起的重复论文，形成用于分析的 4 024 篇学术论文集合，科研机构的相关信息见表 6-6。发文量最多的科研机构为中国科学院，其次是美国的哈佛大学和麻省理工学院，剩余的 7 家机构分别来自俄罗斯、日本和法国。

表6-6   发表论文数量前10位的科研机构信息

排名	科研机构	论文数量	国家
1	中国科学院 CHINESE ACAD SCI	1 104	中国
2	哈佛大学 HARVARD UNIV	531	美国
3	麻省理工学院 MIT	467	美国
4	密歇根大学 UNIV MICHIGAN	437	美国

续表

排名	科研机构	论文数量	国家
5	加州大学伯克利分校 UNIV CALIF BERKELEY	431	美国
6	俄罗斯科学院 RUSSIAN ACAD SCI	414	俄罗斯
7	伊利诺伊大学 UNIV ILLINOIS	366	美国
8	东京大学 UNIV TOKYO	351	日本
9	剑桥大学 UNIV CAMBRIDGE	348	英国
10	法国国家科研中心 CNRS	345	法国

资料来源　作者根据相关资料整理。

在 Web of Science 中，研究领域（research area）是其全产品数据库通用的一套分类体系，在该分类体系中，数据库收录的每一个期刊都至少被划分到其中的一个类别，共包含"艺术与人文"、"生命科学与生物医学"、"自然科学"、"社会科学"和"应用科学"五个大类。本章采用研究领域作为期刊论文隶属学科的划分依据，在此基础上对科研机构发表论文的期刊及其学科进行分析。

6.2.2　3D打印技术领域主要科研机构特征分析

经统计，10所科研机构共在118个学科期刊上发表了学术论文，发文量最高的学科包括材料科学、物理学、化学、工程学等（见图6-8）。对各期刊发文量的统计结果显示，发表3D打印技术相关学术论文最多的期刊分别来自物理学、化学、材料科学，发文量排名前十的期刊平均影响因子为6.07（见表6-7）。为了反映各科研机构研究成果的质量和水平，构建"影响力"指标对各科研机构在3D打印技术领域的科研水平进行测度，综合期刊影响因子（IF）、被引频次（Total_Citation）、年均被引频次（Ave_Citation）三个统计指标，赋予其相同的权重计算机构研究的影响力，计算公式见公式（6-4），其中n为科研机构发表文章的总量。

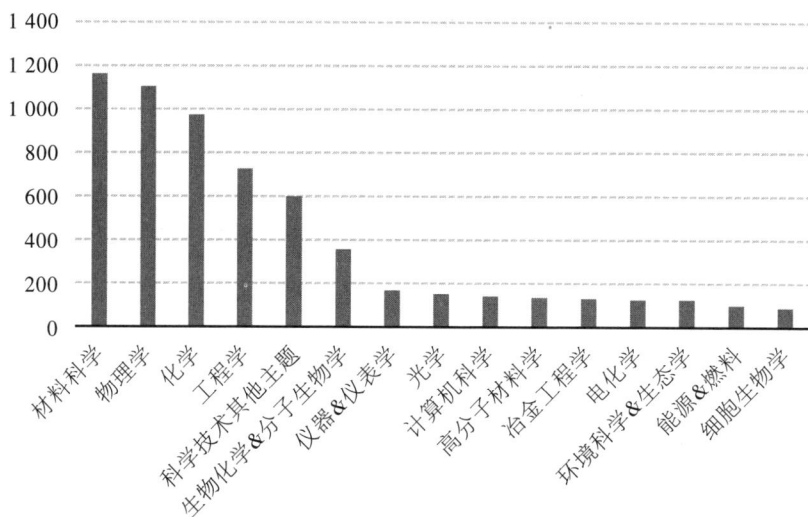

图6-8 期刊论文高频分布学科（前15名）

$$研究影响力 = \frac{1}{3} \times \frac{1}{n} \times (\sum_{i=1}^{n} IF_i + \sum_{i=1}^{n} Ave\_Citation_i + \sum_{i=1}^{n} Total\_Citation_i) \quad (6-4)$$

以研究影响力为纵坐标，以发文数量为横纵坐标表示科研机构的科研能力，采用公式（6-5）对指标计算结果进行标准化处理，绘制科研机构散点图，结果见图6-9。

$$y_i = \frac{x_i}{\sum_{i}^{n} x_i} \quad (6-5)$$

表6-7　　　　　　　　　发文量前10名的期刊

发文量	期刊	影响因子	学科类别
59	APPLIED PHYSICS LETTERS	3.386	物理学
47	JOURNAL OF APPLIED PHYSICS	2.163	物理学
43	RSC ADVANCES	3.096	化学

续表

发文量	期刊	影响因子	学科类别
41	PROCEEDINGS OF THE NATIONAL ACADEMY OF SCIENCES OF THE UNITED STATES OF AMERICA	10.359	科学技术其他主题
41	JOURNAL OF THE EUROPEAN CERAMIC SOCIETY	3.536	材料科学
39	ANALYTICAL CHEMISTRY	6.035	化学
38	JOURNAL OF THE AMERICAN CHEMICAL SOCIETY	13.613	化学
38	LANGMUIR	4.139	化学；材料科学
35	ACS APPLIED MATERIALS & INTERFACES	8.284	科学技术其他主题；材料科学

资料来源　作者根据相关资料整理。

在图6-9中，位于右上方的科研机构同时具有高发文量和高影响力，左下方则表明发文数量和文章影响力较低。中国科学院在发文数量上具有绝对的优势，但是研究影响力则相对较弱，麻省理工学院、伊利诺伊州立大学、加州大学伯克利分校、剑桥大学发表的论文具有极高的影响力（70%的期刊影响力），超40的学术论文都来自上述机构，而中国科学院在此类期刊上发文的比例只占到了11.7%。法国国家科研中心、东京大学、俄罗斯科学院虽然也发表了部分高水平论文，但无论从发文数量还是影响力上看都不占有明显优势。而结合上一节的企业专利分析结果可知，与日本和韩国企业在3D打印技术相关的产品和技术上所呈现的优势局面不同，在科学研究方面，欧美国家科研机构更胜一筹，虽然中国科学院也表现出了极高的能力，但高水平研究所占比例仍较低。

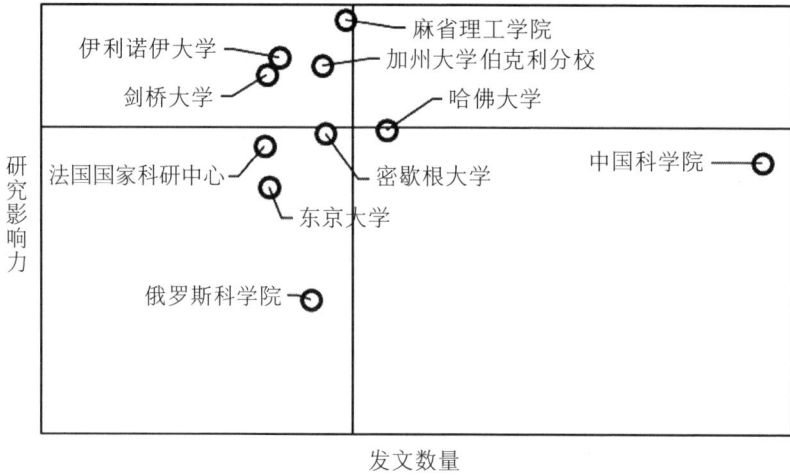

图6-9 科研机构影响力

　　与各企业专利在技术领域上的差异化分布类似，科研机构论文的研究内容也各有侧重。由于各学科的从业学者数量各不相同，不同领域的期刊数量和期刊文章被引量也存在较大差别，导致热门学科的期刊影响影子要显著高于冷门学科，此时单凭研究影响力一种指标不足以说明科研机构的科研水平，因为无法排除某些机构选择了相对冷门的研究方向作为研究重点从而导致影响力指标较低的情况。为此，作者通过LDA主题模型对初始论文数据集的研究内容进行分析，共获得10个与3D打印技术相关的学术论文主题，主题编号与关键词信息见表6-8。

表6-8　　　　　　　　　　学术论文主题与关键词

主题	关键词
主题1	solar, polym, cell, base, effici, jet, grb, copolym, addit, sleep, devic, use, energy, perform, side, chain, afterglow, property, burst, psc, active, blend, photovolta, high, solvent, pce, show, hadron, convers, increas
主题2	use, fabric, print, design, structur, scaffold, process, control, materi, surface, base, devic, demonstr, applic, method, pattern, polym, high, mechan, dimension, property, manufactur, poli, three, implant, technique, bone, addit, tissue, paper

续表

主题	关键词
主题3	use, method, cell, rapid, develop, system, detect, base, protocol, analysi, time, design, sampl, data, dna, gene, gener, specif, new, process, applic, provid, studi, high, product, approach, result, target, inform, research
主题4	model, china, deposit, soil, studi, age, area, high, result, sourc, rock, use, data, indic, miner, atmosphere, sediment, region, concentr, impact, chang, si3n4, simul, river, temperature, estim, sampl, zone, suspens, garne
主题5	ray, jet, observ, optic, emiss, radio, gamma, multi, light, frequenc, compon, sourc, band, similar, flux, data, wavelength, spectral, line, variabl, ghz, model, result, time, energy, peak, high, core, detect, curv
主题6	reaction, proton, active, acid, oxid, rapid, rate, complex, structur, ion, studi, kinet, protein, mechan, result, state, water, form, format, two, reduct, concentr, bind, use, solute, site, transfer, show, molecule, electron
主题7	model, mass, simul, field, similar, observ, use, high, measure, flow, galaxy, disk, process, magnet, result, jet, rapid, time, region, two, format, particl, rate, dynam, studi, scale, imag, proton, phase
主题8	patient, treatment, group, use, studi, protocol, rapid, result, test, effect, time, compar, increase, clinic, control, chang, blood, year, conclus, treat, mice, differ, follow, method, rme, month, term, signific, associ, infect
主题9	metal, deposit, film, temperature, laser, use, electron, surface, high, addit, direct, process, effect, layer, property, phase, composit, structur, ceram, investing, sinter, result, materi, carbon, substrat, degree, right, nanoparticl
主题10	membrane, cell, increase, use, active, water, studi, induc, channel, rapid, concentr, imag, result, effect, plant, measure, respons, signal, calcium, indic, express, releas, root, muscl, protein, graft, decreas, neuron, brain

资料来源　作者根据相关资料整理。

　　根据上述 10 个主题所包含的主要词汇，对相关论文进行深度阅读可归纳出各研究主题的具体内容如下：

　　主题 1 侧重于 3D 打印技术在纳米级全聚合物柔性太阳能薄膜电池制备、光电效能方面的研究。主题 2、主题 8、主题 10 与 3D 打印技术在医疗领域的发展与应用相关，其中主题 2 聚焦于采用激光烧结工艺来实现多孔生物可吸收材料的人体组织打印，主要指人体骨骼的 3D 打印与铸造技术，主题 8 则以治疗效果的对比研究为主，主题 10 则涉及骨骼打印和移植。主题 3 和主题 6 均为生物打印相关的研究主题，前者关注微观层面的与生物细胞基因编译相关的生物质打印技术，后者的研究包括遵循仿生形态学、生物结构、细胞特定环境等要求的体外生物体打印。主题 4 是 3D 打印机在考古研究领域的古化石打印、文物修复与重建方面的应用。主题 5 是基于光谱分析的材料检测方式，主要应用于判断 3D 打印过程中表面材料成型后是否符合设计或铸造要求，是物理光学在该领域中的技术应用实例。主题 7 为材料微粒经磁场作用后机械性能研究，可应用于 3D 打印液态铸造材料的固化过程。主题 9 是论文数量最多的主题，主要是 3D 打印材料的研究，包括金属、陶瓷、单质碳等二维纳米材料的喷涂、成型技术。

　　在此基础上，根据每篇论文的主题隶属度，计算得到各科研机构论文的主题隶属度，再通过论文发表期刊的学科类别在研究主题和主要学科之间建立连接关系，通过绘制科研机构—研究主题—学科类别桑基图，进一步解释科研机构在研究内容和侧重点上的差异。图 6-10 中曲线的粗细表示科研机构论文与研究主题、研究主题与学科的隶属度，可以发现多数机构的研究与医疗、基因编辑和材料相关的主题 2、主题 3 和主题 9 具有较高的隶属度，中国科学院、哈佛大学和麻省理工学院是上述三个主题隶属度最高的科研机构，而俄罗斯科学院只具有主题 9 一个高隶属度主题，其他机构的研究在上述主题中均有涉及，但强隶属度主题并不突出。从研究主题和学科类别的隶属关系上看，主题 2、主题 3、主题 7、主题 10 除了与生物化学&分子生物学的关系最为紧密以外，与计算机科学、仪器&仪表学同样具有较高的隶属关系，表明 3D 打印在生物医学领域的研究同样涉及了仪器和设备的精密操作过程。此外，材料相关研究主题与材料科学、冶金工程学、电化学等多个学科具有密切的联系。

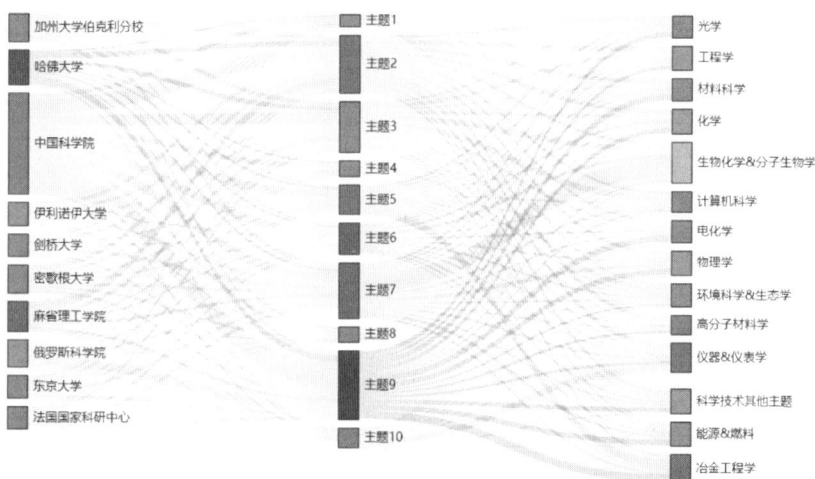

图 6-10　科研机构—研究主题—学科类别桑基图

6.3　3D打印技术企业与科研机构的知识相关性计算

6.3.1　企业与科研机构的领域关联矩阵构建

在 6.1 节研究的基础上，作者从 10 家 3D 打印技术企业专利的 396 个 IPC 代码中筛选出频次大于 10 的 190 个代码构建企业—技术领域邻接矩阵，初始矩阵中各元素的取值为企业在对应技术领域中的专利数量，再将矩阵元素除以所在行向量的元素之和得到企业专利的技术领域关联矩阵用于后续计算，关联矩阵中部分数据见图 6-11。

	B01D	B01F	B01J	B01L	B02B	B02C	B03B	B03C	B03F	B05B	B05C	B05D	B06B	B07B	B07C
佳能	0.000328	0.000164	0.001642	0	0	0.000657	0.000821	0.000493	0	0.001149	0.000821	0.00509	0	0.001314	0
陶氏杜邦	0.004518	0.0032	0.009789	0	0	0	0	0	0	0.000188	0.00113	0.025602	0	0	0
伊士曼柯达	0.000604	0.001511	0.001813	0	0	0.000302	0	0	0.000302	0.000604	0	0.012085	0	0	0
通用电气	0.005866	0.001128	0.00361	0.001354	0	0.000226	0	0.000226	0	0	0.000451	0.013764	0.000451	0	0
IBM	0.000496	0.000496	0.00248	0.001984	0	0	0	0.000496	0.000992	0.00248	0.012401	0	0	0.000496	
三星电子	0.002897	0	0.00269	0.000621	0	0	0	0.000414	0	0	0.001035	0.006002	0	0	0
爱普生	0.000332	0	0.000498	0.000166	0	0	0	0	0	0	0.006311	0.00764	0	0.000166	0
半导体能源实验室	0	0	0.000439	0	0	0.	0	0	0	0.000219	0.001975	0.006143	0	0	0
索尼	0.001271	0	0.001059	0.000635	0.000212	0	0.000212	0	0	0	0.000847	0.002753	0	0	0.000212
施乐	0.000303	0.000606	0.004244	0.000606	0.000303	0	0	0	0	0	0.000909	0.002122	0.016975	0	0

图 6-11　企业—技术领域关联矩阵（部分）

与从专利文本著录项中直接提取分类代码作为技术领域替代表示并构建企业—技术领域关联矩阵不同,科研机构与学科知识的关联矩阵构建较为复杂,以学术论文中提取的关键词集合作为学科知识的替代表示,首先采用本书第4章的关键词抽取算法计算论文摘要中的名词短语权重,按照50%的比例对名词短语进行提取。其次,利用python第三方工具包pydbpedia将短语及其上下文与DBpedia中的命名实体进行关联,统一短语的书写方式。最后,筛选出论文中的高频关键词作为学科知识的替代表示,并生成科研机构—学科知识的初始邻接矩阵,矩阵中元素为关键词在科研机构发表的全部论文中出现的总频次,对频次进行归一化处理后得到科研机构—学科知识的关联矩阵。

6.3.2 基于非专利引文的技术知识关联矩阵构建

将本书第3章和第5章使用到的3D打印技术专利及其科学引文数据在专利和论文两类文本之间建立知识链接,生成技术领域—科学知识的关联矩阵。在数据预处理阶段,从专利著录项目中提取前四位IPC分类代码,采用6.3.1节的方法从学术论文摘要中提取关键词集合。经统计,从专利著录项中共提取488个IPC代码,排名前10的代码及其解释见表6-9。图6-12绘制了专利在八个部类中的分布情况,其中物理学(G)、电学(H)、作业运输(B)三个部类的专利数量占到了数据总量的84%。

表6-9   3D打印技术排名前10的IPC代码

排名	IPC四位代码	代码解释
1	G06F	电数字数据处理
2	B41J	打字机;选择性印刷机构,即不用印版的印刷机构;排版错误的修正
3	G06K	数据识别;数据表示;记录载体;记录载体的处理
4	H04N	图像通信
5	H01L	半导体器件;其他类目中不包括的电固体器件

续表

排名	IPC四位代码	代码解释
6	H05K	印刷电路；电设备的外壳或结构零部件；电气元件组件的制造
7	G03G	电记录术；电照相；磁记录
8	G06Q	专门适用于行政、商业、金融、管理、监督或预测目的的数据处理系统或方法
9	H01R	导电连接；一组相互绝缘的电连接元件的结构组合；连接装置；集电
10	H04L	数字信息的传输，例如电报通信

资料来源 作者根据相关资料整理。

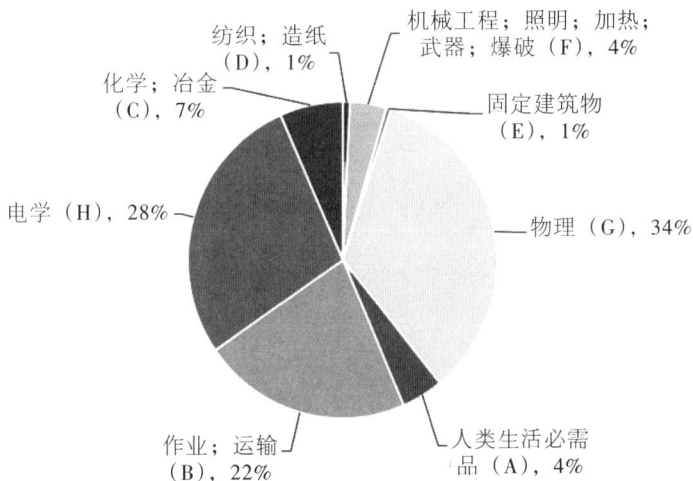

图6-12 3D打印技术专利的IPC部类分布

根据本书第3章的研究结论，专利的科学引文可以作为科学和技术间存在知识相关性的判断依据，但两个文本具有的知识相关类型却各不相同。向量空间模型虽然可以将文本相关性作为知识相关性的替代表示，但计算结果并不能很好地区分出具有创新应用潜力的科学研究。本书第3章提出了能够从专利的科学引文中识别出上述类型科学研究的文本知识相关性计算方法，算法评估结果显示，新方法能够从向量空间模型算得的低知识相关性的非专利引文中识别出对技术创新具有较高应用潜力的科学论文。为此，本节首先利用向量空间模型计算专利及其科学引文的知识相关性，对于得分小于0.4的10 775个引文对，采用第5章的知识相关性计算方法再次进行测量，并计算两次计算结果的差值ΔR。选择ΔR排名前5%的专利科学引文中的论文摘要用于关键词提取，其中论文摘要的平均词汇量为71.22，在［50，80］区间上的论文占到了全部数据的47%，以6.2.1节相同的处理过程和参数完成关键词的抽取工作。最后，根据施引专利中提取到的IPC代码建立技术领域与关键词集合之间的邻接矩阵，对矩阵元素进行标准化处理最终得到由专利科学引文确立的3D打印技术领域与科学知识的相关性矩阵。本章并没有使用全部的专利科学引文建立技术领域与科学知识的关联矩阵，因为根据第5章的分析结果，如果采用向量空间模型算得的专利及其引用论文的文本相关性较高，这样的文本通常具有较高的知识相关性。为了减少数据处理的运算量，基于专利科学引文得到的技术科学关联矩阵只作为向量空间模型计算3D打印技术企业专利和科研机构学术论文知识相关性的补充。

6.3.3　企业专利与科研机构的知识相关性计算

将向量空间模型、由技术专利构建的企业—技术领域关联矩阵、基于本书第4章关键词提取方法由学术论文构建的学术机构—学科知识关联矩阵以及应用第3章和第5章研究成果根据专利科学引文构建的技术领域—学科知识相关矩阵用于计算任意两个3D打印技术企业和科研机构之间的知识相关性。对于本章研究的3D打印技术企业 i 与科研机构 j，二者的知识相关性可由公式（6-6）计算得到：

$$KR_{i,j} = \alpha \times KR_{svm(i,j)} + \beta \times KR_{c2u(i,j)}, \quad \alpha + \beta = 1 \qquad (6-6)$$

$KR_{svm(i,j)}$ 为使用向量空间模型计算得到的企业 i 专利文本与科研机构 j 发表论文之间的文本相关性，$KR_{c2u(i,j)}$ 为由三个关联矩阵相乘得到的企业—科研机构关联矩阵。由公式（6-7）计算得到，$M_{com2ipc}$、M_{ipc2kw}、$M_{kw2univer}$ 表示企业—技术领域、技术领域—学科知识、学科知识—科研机构的关联矩阵，$KR_{c2u(i,j)}$ 为矩阵中第 i 行的第 j 个元素取值，α 和 β

为指标的权重。

$$KR_{c2u} = M_{com2ipc} \times M_{ipe2kw} \times M_{kw2univer} \qquad (6\text{-}7)$$

6.4　3D打印技术企业的科研机构合作伙伴识别

6.4.1　基于TOPSIS法的科研机构排序

TOPSIS（technique for order of preference by similarity to ideal solution）是由Ching-Lai Hwang和Yoon在1981年首次提出的多分类决策方法，该方法根据有限的评价对象与理想化目标的接近程度对其排序，以此反映评价对象的相对优劣。该方法的基本思想是一个好的备选方法（评价对象），其属性值应当与理想解（positive ideal solution，PIS）具有最短的几何距离，与负理想解（negative ideal solution，NIS）有最长的距离，其中理想解是各属性值都达到各备选方案中的最佳取值的解，负理想解是各属性值都达到各备选方案中最坏取值的解。TOPSIS是一种补偿性聚合的方法，通过确定每个标准的权重，对每个标准的分数进行归一化，以此计算每个标准与理想方案之间的几何距离，从而对一组备选方案进行比较。本章将3D打印技术企业的技术合作伙伴选择过程转化为根据科研机构的研究能力及企业机构间研发活动知识相关性等多个指标评价结果，对候选科研机构进行排序，从而为企业选择最佳技术研发合作伙伴的问题。本章用于科研机构打分的指标体系见图6-13，用于评价科研机构科研能力和研究领域与企业的知识相关性。其中科研能力包括发表论文数量、论文增长率、学科集中度、相对学科优势、平均影响因子五个指标，均为文献计量领域常用评价指标。

在科研机构的研发能力评价指标中，论文数量与平均影响因子已在6.2节进行介绍，论文增长率、学科集中度、相对学科优势三个指标分别使用与6.1节中专利增长率、专利集中度和相对技术优势相同的公式计算，将其中技术领域相关的参数替换为论文发表期刊所属的学科分类即可。知识相关性指标则使用公式（6-6）和公式（6-7）进行直接运算。

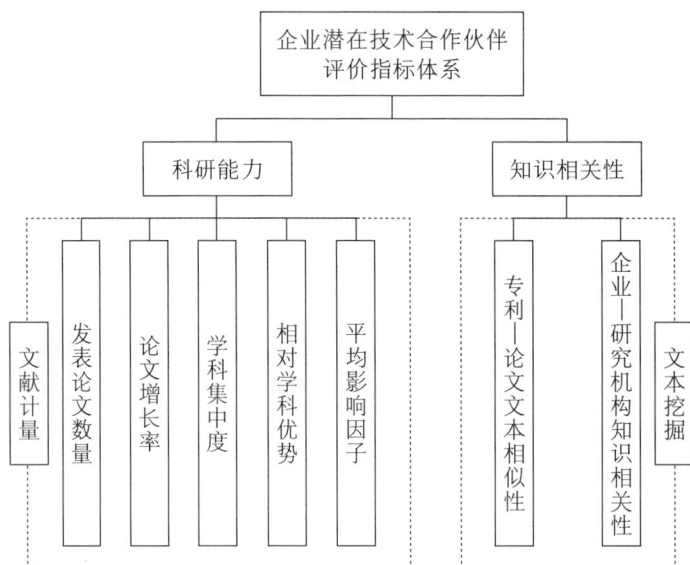

图6-13 企业技术合作伙伴评价指标体系

在求出本章6.1节中任意一家企业的各指标得分后,使用TOPSIS方法对候选科研机构进行排序,包括6个步骤:

第一步,确定数据结构。对于给定的3D打印技术企业,均有10个候选的科研机构,每个机构又对应了7个评价指标,使用矩阵Z对其进行表示,$Z = (x_{ij})_{10 \times 7}$,$i = 1, 2, ..., 10$,$j = 1, 2, ..., 7$。

第二步,数据无纲量化。虽然各指标具有同趋性,但并非所有指标取值都在[0,1]区间上,因此需要对数据进行无纲量化处理,得到无纲量化向量 $r_{ij} = \dfrac{x_{ij}}{\sqrt{\sum\limits_{i=1}^{10} x_{ij}^2}}$。

第三步,对矩阵Z进行加权处理得到加权后的矩阵T,权重 $W = [w_1, w_2, w_3, w_4, w_5, w_6, w_7]$,可通过Delphi法、对数最小二乘法、层次分析法、熵值法等进行确定,T中元素 $t_{ij} = r_{ij} \times w_j$。

第四步,确定指标的理想解和负理想解,分别构成理想解向量 Z^+ 和负理想解向量 Z^-,取值由公式(6-8)和公式(6-9)计算得到,J_+ 表示三个指标与评价标准具有正向影响,即三个相关性指标越高,论文与专利的关系越紧密、越相关。

$$Z^+ = \{ < \max(t_{ij} | i = 1, 2, ..., n) | j \in J_+ > \} \equiv \{ t_j^+ | j = 1, 2, 3 \} \quad (6-8)$$

$$Z^- = \{ < \min(t_{ij} | i = 1, 2, ..., n) | j \in J_+ > \} \equiv \{ t_j^- | j = 1, 2, 3 \} \quad (6-9)$$

第五步，计算10个评价对象的7个指标值向量与理想解向量和负理想解向量的欧几里得距离 d_i^+ 和 d_i^-，由公式（6-10）和公式（6-11）计算得到：

$$d_i^+ = \sqrt{\sum_j^7 (t_{ij} - t_j^+)^2}, \ i = 1, 2, ..., 10 \quad (6-10)$$

$$d_i^- = \sqrt{\sum_j^7 (t_{ij} - t_j^-)^2}, \ i = 1, 2, ..., 10 \quad (6-11)$$

第六步，在第五步的基础上，根据式（6-12）计算各评价对象指标值向量与理想值向量之间的相对接近程度 C_i，并根据该指标值对科研机构进行排序。

$$C_i = \frac{d_i^-}{d_i^+ + d_i^-} \quad (6-12)$$

确定科研机构的评价指标体系构成与排序方法后，首先计算反映各科研机构研究水平的指标得分，结果见表6-10。从该表可以看出，首先，中国科学院的发文数量和论文增长率均排名第一，其他具有高论文增长率的科研机构还包括伊利诺伊州立大学和剑桥大学。其次，10所科研机构的学科集中度均高于0.5，论文主要发表在物理学、化学、工程学、材料科学、生物化学&分子生物学、科学技术其他主题6大学科的期刊，集中度高于0.6的机构如下：中国科学院、哈佛大学、麻省理工学院、加州大学伯克利分校、俄罗斯科学院。其中，俄罗斯科学院的指标得分最高约为0.63，进一步分析后发现，该机构发表论文数量最多的学科分别为物理学（135篇）、材料科学（92篇）、化学（77篇）、工程学（33篇）、生物化学&分子生物学（25篇），其中在物理学期刊共发表135篇论文，占发文总量的23%。

虽然机构发表论文的主要学科类别差异并不明显，但各机构的相对学科优势得分差别较大。相对学科优势最突出的机构为麻省理工学院，其次是加州大学伯克利分校与哈佛大学。为了对机构间的优势学科进行

表6-10 科研机构研发能力指标得分

机构名称	论文数量（篇）	论文增长率	学科集中度	相对学科优势	平均影响因子
中国科学院	1 104	0.217	0.613808	1.064815	4.21
哈佛大学	531	0.136	0.621359	1.093788	4.71
麻省理工学院	467	0.132	0.611538	1.233908	6.40
密歇根大学	437	0.101	0.518092	0.865535	4.65
加州大学伯克利分校	431	0.129	0.617054	1.102673	5.69
俄罗斯科学院	414	0.137	0.627383	0.98638	2.07
伊利诺伊大学	366	0.189	0.527454	1.061998	5.83
东京大学	351	0.114	0.519427	0.928542	3.81
剑桥大学	348	0.192	0.516269	0.798952	5.55
法国国家科研中心	345	0.126	0.512573	1.016971	4.45

资料来源　作者根据相关资料整理。

比较，图6-14绘制了机构发表论文的主要学科及相对优势。麻省理工学院、俄罗斯科学院、伊利诺伊州立大学分别在工程学、物理学、科学技术其他主题具有显著的学科优势；东京大学、俄罗斯科学院、法国国家科学中心在生物化学&分子生物学具有较高的发文量，东京大学同时在该领域还拥有最高的相对学科优势。作为所有科研机构中发文数量最多的中国科学院，其论文主要分布在物理学、化学、工程学、材料科学以及科学技术其他主题，在化学和材料科学两个学科具有最高的相对技术优势，但优势并不明显。

表6-11为上述7个指标的无量纲化结果，后续将在此表的基础上综合企业专利和科研机构学术论文文本相关性、知识相关性指标为各类型3D打印技术企业选择最佳的潜在技术合作伙伴。

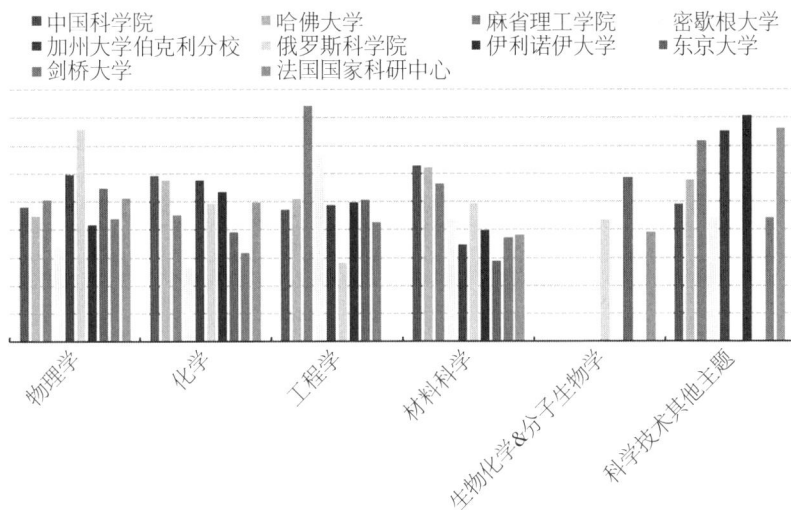

图6-14　科研机构相对学科优势

表6-11　　　　　　科研机构研发能力指标无量纲化结果

机构名称	论文数量（篇）	论文增长率	学科集中度	相对学科优势	平均影响因子
中国科学院	0.0003994	0.9431625	0.1884644	0.1018640	0.0176696
哈佛大学	0.0001921	0.5911065	0.1907831	0.1046357	0.0197682
麻省理工学院	0.0001690	0.5737210	0.1877677	0.1180401	0.0268610
密歇根大学	0.0001581	0.4389835	0.1590758	0.0828001	0.0195164
加州大学伯克利分校	0.0001559	0.5606819	0.1894613	0.1054860	0.0238813
俄罗斯科学院	0.0001498	0.5954528	0.1926327	0.0943606	0.0086879
伊利诺伊大学	0.0001324	0.8214641	0.161950	0.1015945	0.0244689
东京大学	0.0001270	0.4954863	0.1594858	0.0888276	0.0159908
剑桥大学	0.0001259	0.8345032	0.1585160	0.0764306	0.0232937
法国国家科研中心	0.0001248	0.5476427	0.1573811	0.0972870	0.0186769

资料来源　作者根据相关资料整理。

6.4.2 技术专一型企业的合作伙伴识别

技术专一型企业是指专利总量不具有优势、技术复杂度低，但具有较高相对技术优势的企业。由于发展历史、企业规模、技术资源优势、产品用户群体等多方面的影响，这类企业选择集中化的产品与技术战略，集中整个企业的力量和资源投入到与细分目标市场相关的产品与技术研发当中，从而更好地为特定的细分市场提供产品服务。该类型的代表企业为日本的半导体能源实验室与美国的伊士曼柯达。根据两家企业的技术专利特点，赋予相对学科优势、平均影响因子、文本相关性、知识相关性 0.175 的权重，赋予其他指标 0.1 的权重，以此提高在 3D 打印技术特定研究方向上存在突出技术优势的科研机构的排名。

根据各指标的得分，采用 TOPSIS 法对各类企业排名前 3 的科研合作机构进行分析，从而更直观地反映出各科研机构作为企业研发合作伙伴的优势与不足。将各指标的排名绘制在雷达图中，技术专一型企业的合作伙伴指标排名见图 6-15，科研机构的知识相关性指标得分原始数据见表 6-12。

如图所示，技术专一型企业的合作伙伴各指标排名存在较大的差异，从雷达图中多边形的重合区域上看，合作伙伴的指标优势并不均衡。对于半导体能源实验室，排名最高的科研机构合作伙伴为中国科学院，该机构的发表论文数量、论文增长率、知识相关性指标排名均为第 1，虽然文本相关性只位列所有机构中的第 4 名，但知识相关性得分高出该指标排名第 2 的东京大学近 14%。此外，由表 6-12 可知，文本相关性排名第 1 的科研机构为加州大学伯克利分校，但其与企业的知识相关性得分仅为 0.0827。哈佛大学的论文数量、学科集中度、相对学科优势指标排名位列所有机构中的前 3 名，且除知识相关性指标外的其余指标得分均高于综合排名第 2 的东京大学，而东京大学仅该指标优于多数的科研机构。

半导体能源实验室

1.中国科学院

2.东京大学

3.哈佛大学

伊士曼柯达

1.加州大学伯克利分校

2.俄罗斯科学院

3.哈佛大学

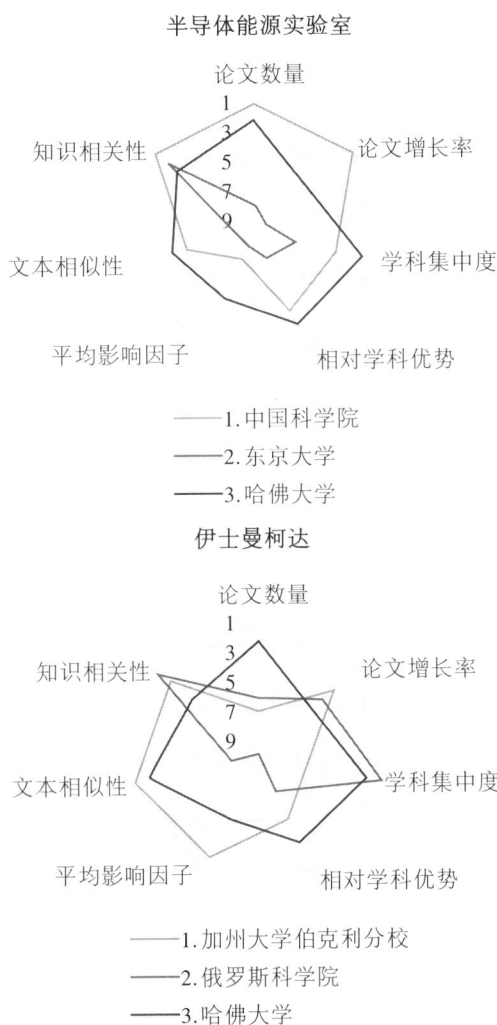

图6-15　技术专一型企业合作伙伴指标排名

表6-12　　　　　　技术专一型企业知识相关性指标得分

机构名称	半导体能源实验室		伊士曼柯达	
	文本相似度	知识相关性	文本相似度	知识相关性
中国科学院	0.127668	0.159677	0.091238	0.089342
哈佛大学	0.155643	0.104172	0.119843	0.109060
麻省理工学院	0.157147	0.029750	0.066252	0.107317

续表

机构名称	半导体能源实验室		伊士曼柯达	
	文本相似度	知识相关性	文本相似度	知识相关性
密歇根大学	0.095268	0.002245	0.028189	0.033903
加州大学伯克利分校	0.297719	0.082745	0.294924	0.197703
俄罗斯科学院	0.099455	0.025616	0.062714	0.446035
伊利诺伊大学	0.105186	0.018712	0.113344	0.090635
东京大学	0.095607	0.139978	0.095004	0.105250
剑桥大学	0.113424	0.038587	0.070889	0.088389
法国国家科研中心	0.164986	0.032137	0.060205	0.152506

资料来源　作者根据相关资料整理。

对企业专利文本进行重点阅读后发现，半导体能源实验室3D打印技术专利主要与打印机相关的半导体元器件制造工艺相关，如单层或多层半导体薄膜的压制与制备、电子设备显示模块中的柔性电路印刷、光敏材料固化紫外线传感器晶体管的制备等。对中国科学院发表的论文进行简单统计后发现，中国科学院半导体所、化学所、物理所以及空间应用工程与技术研究所（以下简称空间技术所）是在3D打印技术领域发文数量最多的机构，研究领域主要包括以金属粒子、半导体纳米材料、有机高分子材料、陶瓷粉末为打印"墨水"的光学器件、微电机系统复杂器件的3D打印制备工艺。东京大学的研究则主要聚焦与生产效率密切相关的3D打印喷嘴以及烧结床工艺，主要包括覆模技术、激光光聚技术、材料挤出技术3个方向的研究内容。效率是3D打印技术能否在行业中实现规模化的重要决定因素，而打印"墨水"的属性和特征则与器件铸造的种类及其功能密切相关，也正因如此，无论是以材料研究更为见长的中国科学院，还是通过优化制造工艺流程推动技术发展的东京大学，都是企业可以选择的技术合作伙伴。

加州大学伯克利分校是伊士曼柯达的排名最高的潜在技术合作伙

伴，虽然机构的发文数量并不多，但文本相似度、知识相关性、平均影响因子指标位列所有科研机构中的前两名，且保持了较高的论文增长率。俄罗斯科学院的指标得分与前面分析的东京大学比较类似，只有知识相关性和学科集中度两个指标优势明显。相较于上述两个机构，哈佛大学的指标排名分布则更为均衡，并没有出现排名特别靠后的指标，同时具有排名前3的科研机构中最高的论文发表数量。

作为曾经的影像行业巨头，伊士曼柯达在打印喷头设计和控制方面具有丰富的技术积累。从其申请的3D打印技术专利内容上看，企业技术研发的重点包括打印机的整机制造、系统控制方案、材料研发三个方面，特别是打印喷头的组件设计以及油墨喷出形态的控制，部分专利还涉及三维图像的处理。加州大学伯克利分校在3D打印领域的研究方向较为丰富，如考古领域的古建筑物建模、3D打印几何模型的计算机辅助设计、特殊环境下的3D打印技术、复杂生物体组织的打印等。相比之下，俄罗斯科学院的研究则聚焦于高能量激光的材料熔炼和烧结工艺，熔炼是指固态金属用高能量激光融化为液态的技术，而烧结则为粉末型材料向块状形态转变的工艺，前者研究固态材料如何快速变为液态喷墨，后者则为粉末型材料的直接成型，二者均与3D打印的制造效率密切相关。

6.4.3　研发优势型企业的合作伙伴识别

研发优势型企业是指专利数量优势明显，技术研发活跃的一类企业。这类企业通常具有行业领先的技术水平以及较高的专利技术价值，充足的资金和雄厚的研发实力使得企业能够保持稳定的专利增长速率，虽然细分领域的相对技术优势并不明显，但企业的主要技术领域涵盖了行业内多数企业的优势领域。该类的代表性企业为佳能、爱普生、三星电子、施乐与索尼，上述几家企业的主要技术领域种类（12个）占到了全部种类（21个）的57.14%，与除半导体能源实验室以外的企业存在至少一个共有主要技术领域。由于该类别企业数量相对较多，因而分别选择在3D打印技术领域拥有最多专利数量和最高专利增长率的佳能与三星电子两家企业进行重点分析。此外，作为行业内的技术领先企业，技术研发应具有前瞻性，关注在与技术相关的学科中具有创新性和新颖性的重要研究成果。因此，在合作伙伴选择时，赋予平均影响因子、文本相关性、知识相关性 0.2 的指标权重，其他指标权重取 0.1，即优先选择在 3D 打印技术方面具有重大突破的科研机构进行合作。

由图 6-16 的指标排名可知，佳能的最佳合作伙伴选项为加州大学伯克利分校，从表 6-13 的指标计算结果可以看出，前者的技术专利和后者的学术论文之间具有较高的相似度。俄罗斯科学院虽然获得了所有科研机构中最高的知识相关性得分，但需要注意到该结果低于前一节伊士曼柯达实例中的得分。而综合表 6-12 和表 6-13 的结果可以发现，与其他科研机构相比，哈佛大学与企业的知识相关性指标主要分布在 [0.1，0.2] 的区间上，指标变化并不明显，而在本例中排名较高主要是因为其高平均影响因子和相对学科优势。佳能公司的前身为精机光学研究所，与技术专一型企业相比具有更丰富的产品门类。但不同于伊士曼柯达专注于提高打印速率的研发活动，佳能则更加追求高精度、分辨率的打印效果，并通过对打印基材选择和烧结工艺两个关键技术环节的控制得以实现。不同类型打印材料在进行退火时的收缩率各不相同，越是收缩率大的材料其打印精度越难控制。在候选机构中，加州大学伯克利分校的材料研究种类最为丰富，论文的新颖性和影响力也得到学术界的认可，正因如此，与该机构合作无论是在材料属性的探究还是介绍工艺的改进方面都更容易找到实现精密打印的突破口。

与半导体能源实验室的专利分布类似，三星电子在 3D 打印技术相关领域的技术研发同样聚焦于半导体材料和光电控制元器件的制造工艺，最佳科研机构合作伙伴为麻省理工学院。由图 6-16 可知，该机构的指标排名与第 2、第 3 的东京大学和加州大学伯克利分校相比更为均衡，除论文增长率和学科集中度指标排名稍微逊色，其余指标均位列候选机构中的前 3 位。表 6-13 的知识相关性得分进一步说明，三星电子和麻省理工学院的研究具有非常高的知识相关性。通过对重点论文的阅

佳能

论文数量

知识相关性

文本相似性

平均影响因子

论文增长率

学科集中度

相对学科优势

——1.加州大学伯克利分校
——2.哈佛大学
——3.俄罗斯科学院

三星电子

论文数量

知识相关性

文本相似性

平均影响因子

论文增长率

学科集中度

相对学科优势

——1.麻省理工学院
——2.东京大学
——3.加州大学伯克利分校

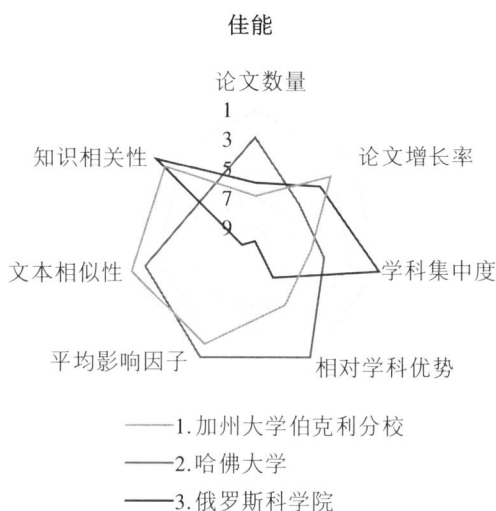

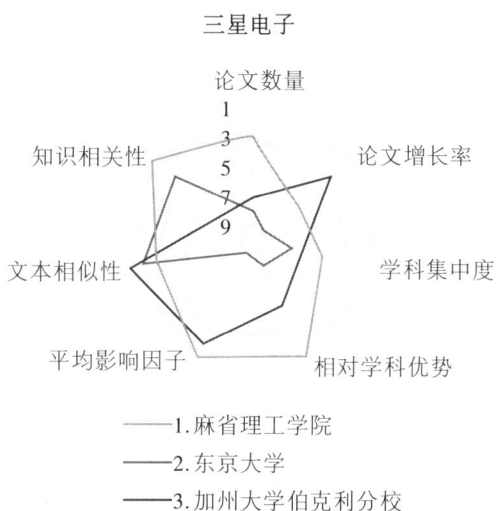

图 6-16　研发优势型企业合作伙伴指标排名

表6-13　　　　　研发优势型企业知识相关性指标得分

机构名称	佳能		三星电子	
	文本相似度	知识相关性	文本相似度	知识相关性
中国科学院	0.102810	0.126219	0.181779	0.110882
哈佛大学	0.139585	0.15187	0.203448	0.079122
麻省理工学院	0.087767	0.161018	0.204444	0.532934

续表

机构名称	佳能		三星电子	
	文本相似度	知识相关性	文本相似度	知识相关性
密歇根大学	0.038565	0.040447	0.125516	0.013485
加州大学伯克利分校	0.316137	0.207575	0.333492	0.092052
俄罗斯科学院	0.070097	0.237254	0.158395	0.102403
伊利诺伊大学	0.120911	0.135795	0.129975	0.042120
东京大学	0.119008	0.108636	0.231737	0.452782
剑桥大学	0.081946	0.089606	0.163488	0.418931
法国国家科研中心	0.073615	0.164980	0.202107	0.504931

资料来源　作者根据相关资料整理。

读能够发现，麻省理工学院不仅在生物组织的3D打印以及基因编译方面具有世界领先的水平，在聚合物低温压力塑性、复合材料合成与材料增强、非光刻法的光电器件制造领域同样具有突破性的研究成果，新材料应用和工艺上的改进则降低了打印环境的限制要求，使得3D打印生产流程的改进和优化成为可能。

6.4.4　技术差异型企业的合作伙伴识别

技术差异型企业是指与行业内其他企业技术或产品存在明显差异的一类企业。该类企业具有不同于多数企业的主要技术领域，在目标市场选择和技术研发方面都具有独特性。但不同于技术专一型企业只关注细分市场上的产品与技术研发，该类型企业的技术创新活动涉及更广泛的技术领域，直接表现为高技术复杂度，以此提高其他企业在相同领域从事研发活动的准入门槛从而实现赢得行业竞争的目标。本章中的通用电气、陶氏杜邦、IBM均属于该类别，此处采用与研发优势型企业相同的指标权重对候选合作机构进行排序。由于通用电气和陶氏杜邦在主要技术领域和相对技术优势方面都具有较高的相关性，因而只选择在两个指标上具有更高得分的通用电气与相对技术优势并不明显的IBM进行重点分析。

图6-17绘制了两个技术差异型企业的合作伙伴指标排名，候选科研

机构包括加州大学伯克利分校、俄罗斯科学院、哈佛大学等，各机构在科研能力和知识相关性方面都具有不同的优势（各指标得分见表6-14）。虽然同属于技术差异型企业，但两家企业在3D打印技术研发的侧重点截然不同，IBM专攻超精密打印技术及其与之配套的电子数控系统，而通用电气则是本章研究的企业中唯一一家从事航天航空、汽车、石油装备等大型装备3D打印生产的企业，早期的技术主攻金属3D打印方向，专注于高强度的发动机涡轮叶片、燃料喷油嘴的一体化成型制造，由于铸造器件的特殊性，企业在金属材料的熔融沉积技术方面积累了数量较多的专利。

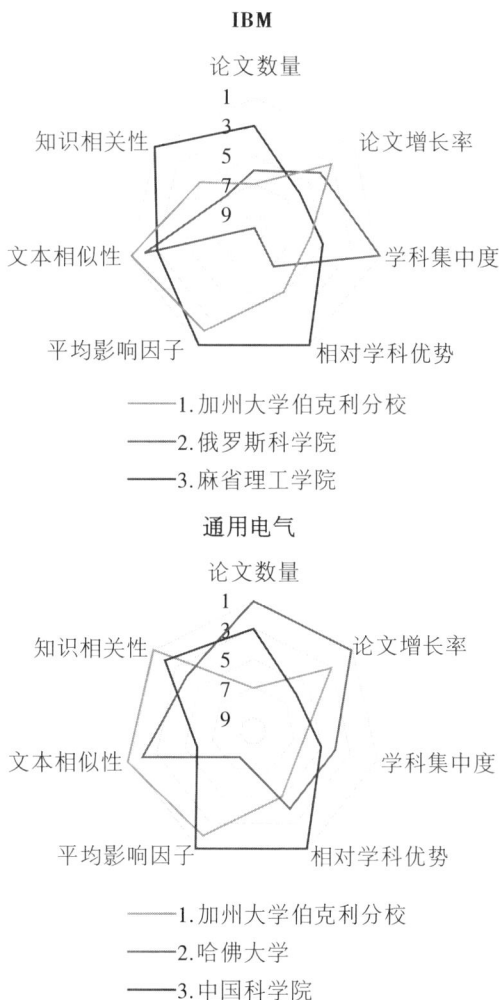

图 6-17   技术差异型企业合作伙伴指标排名

表6-14　　　　　　　技术差异型企业知识相关性指标得分

机构名称	IBM		通用电气	
	文本相似度	知识相关性	文本相似度	知识相关性
中国科学院	0.129978	0.182681	0.291956	0.166666
哈佛大学	0.158162	0.195373	0.201663	0.205695
麻省理工学院	0.179756	0.494541	0.109754	0.183644
密歇根大学	0.050979	0.071645	0.286905	0.065907
加州大学伯克利分校	0.277201	0.301433	0.305541	0.263538
俄罗斯科学院	0.230699	0.193218	0.202529	0.115086
伊利诺伊大学	0.141665	0.185001	0.12877	0.128910
东京大学	0.139030	0.380915	0.168621	0.108038
剑桥大学	0.138128	0.399066	0.286861	0.149667
法国国家科研中心	0.164311	0.453507	0.178292	0.152383

资料来源　作者根据相关资料整理。

6.5　本章小结

　　本章实现了本书研究成果的综合应用,利用从专利历史科学引文中识别出的高知识相关性论文,在专利技术领域和科学研究之间建立知识关联关系,提炼反映企业和科研机构知识相关性的评价指标,并将其应用在3D打印技术企业的科研机构合作伙伴识别中。本章提出的研究框架包括企业技术特征与科研机构研究主题分析、科研机构评价指标体系建立、指标计算、基于TOPSIS法的和合作伙伴排序几个方面的内容。在结果分析部分,根据研发能力、专利集中度、相对技术优势的指标得分将企业划分为技术专一型、研发优势型、技术差异型3个类别,并选择每个类别的代表性企业对其采用本章方法计算得到的最佳合作伙伴进行重点分析。

　　研究发现,知识相关性指标的引入更加强调了机构间知识的互联互通和科学研究的应用价值，这种知识的相关性不仅反映在专利文本与科学论文的文本相关性方面，更体现在科学发现向技术成果的转化过程中，且与传统方法在技术领域和学科大类中建立关联关系的宏观分析方法不同，突出了技术与功能之间的内在逻辑关系，解决了技术专利和科学论文的文本和概念之间无法进行直接映射的问题。正因如此，像东京大学和俄罗斯科学院这类仅在 3D 打印某个细分领域存在相对学科优势的科研机构，其指标排名也会位于众多欧美知名院校的前列，这一结果是仅依靠基于词语共现的专利与论文文本相关性计算方法不能够实现的，也正是本书的研究优势和意义所在。

第 7 章　研究结论与展望

7.1　主要研究结论

　　本书从 3D 打印技术领域的实证研究入手，使用向量空间模型对美国专利与商标局 2015 年授予的全部专利及其非专利引文的知识相关性进行计算，证明非专利引文关系中的施引专利与其科学引文之间具有的知识相关性，并归纳总结出四种非专利引文具有的知识相关类型及传统相关性计算方法用于专利和论文时存在的主要问题，由此提出可从专利的科学引文中有效识别具有技术创新应用潜力的科学研究方法，并将该方法应用于企业的科学基础技术创新伙伴识别中。本书主要的研究结论与发现如下：

　　（1）证明了具有非专利引文关系的技术专利和科学论文之间的确存在知识相关性以及知识相关的几种类型。3D 打印技术领域的实证研究表明，在利用向量空间模型计算专利和论文文本之间的知识相关性时，具有非专利引文关系的文本相关性主要分布于小于 0.4 的区间上，且相关性计算结果要高于不具有引文关系的文本，这一结论在基于局部和全部文本的相关性比较分析中均得到支持。本书第3章采用德尔菲法总结出专利及其科学引文具有的4种知识相关类型，分别为知识背景相关、创新依存相关、技术功能相关和主题概念相关，其中与施引专利具有后两种知识相关类型的科学研究通常包含了更多的可直接应用于技术创新工作中的科学知识，对于企业所从事的基于科学的技术创新工作具有更强的技术转移潜力，然而以词语共现为基础的知识相关性测度方法并不能很好地体现该类型研究的价值，也就无法对该类具有应用潜力的科学研究进行有效识别。此外，作者还讨论了非专利引文耦合强度与专利文本相关性之间的关系，发现该类型引文的耦合强度虽然可以作为判定专利相关性的依据，但耦合强度与专利相关性强度之间不具有显著的线性相关关系。

（2）提出了一种能够从专利和论文摘要中抽取表示文本知识内容的关键词抽取算法。为了完善专利和论文知识相关性的计算方法，使用更加精确的关键词集对文本中的知识和内容进行表示，本书在第4章提出了一种基于图的关键词抽取算法，重点改进了文本图的生成和关键词的加权方式。为了让从文本中生成的文本图尽可能保留更多的语义和结构信息，该算法根据单词在句子中的语义依存关系为单词建立不同属性的连接边，除了最为常见的共现关系外，还通过最短依存路径的搜索策略确立了单词间具有的等价隶属、功能属性、修饰限定关系。在关键词的加权方法上，该算法提出一种整合单词在文本中位置信息、参与构成的实体概念数量、实体间建立语义关系3个维度特征的权重计算指标，并与其他基于图的算法一起在开放语料上进行测试。算法评估结果表明，该算法在抽词比例设为50%时的效果最佳，查准率、查全率、F1值分别为53.68%、65.95%，56.95%，且高于其他baseline算法的关键词抽取效果。

（3）提出了一种用于计算专利和论文文本知识相关性的新方法。作为文本最重要的研究成果，第5章提出的专利与论文知识相关性计算方法能够有效地从专利的科学引文中识别出对技术发明具有应用价值的科学研究。该方法构建的文本知识相关性度量指标整合了知识在内容相关、"技术—功能"关联、知识网络距离3个维度上的相关性特征。具体来说，采用第4章的关键词抽取算法从专利和论文文本中抽取表示知识内容的关键词向量，并使用向量空间模型计算两个文本在知识内容层面的相关性。基于元路径的知识相关性计算方法首先根据8条预设元路径在异质信息网络中搜寻连接两个文本节点的全部路径，再将具有技术、功能、情境语义信息的路径实例作为描述文本知识关联的特征维度用于知识相关性的计算。领域知识网络的引入则实现了对文本中重要概念的泛化，适当的概念外延不仅解决了利用短文本进行相关性计算时存在的信息缺失问题，还能够使算法更好地处理文本间存在一词多义和同义词的情况。与向量空间模型进行比较的评估结果显示，该知识相关性计算方法能够更好地揭示词语共现较少文本间具有的内在知识联系。

（4）将本书的研究成果应用在3D打印技术企业基于科学的技术创新合作伙伴识别中。在文书的第6章，作者使用第5章提出的知识相关性计算方法从3D打印技术专利对学术论文的历史引文数据中筛选出对技术创新实践具有应用潜力的科学研究，应用第4章提出的关键词抽取算法从专利和论文文本中抽取能够表示科学与技术知识的关键词集合并建立企业—技术知识、科研机构—科学知识、技术知识—科学知识的关联矩阵，将其作为在企业和科研机构建立知识连接的依据。通过构建企业潜在技术合作伙伴评价指标体系，根据反映科研机构研发能力、研究领域与企业技术相关性共计7个指标的得分情况，采用TOPSIS法对候选机构进行排名，为3D打印领域的技术专一型、研发优势型、技术差异型企业选择最为合适的技术创新合作伙伴。

7.2　研究创新点与贡献

（1）将文本挖掘技术应用于文本知识相关性的计算当中，并以3D打印技术为例证明了非专利引文中的施引专利和被引论文之间存在知识上的相关性。向量空间模型的引入能够实现大规模文本数据的快速分析，且为了保证结论的严谨性，本书不仅对11 664条专利及其引用的9 605篇学术论文的知识相关性进行计算，还将相关性结果与同规模但不具有非专利引文关系的文本对照组进行比较，弥补了以半结构化深入访谈、问卷调查等传统方法进行研究时数据分析规模上的不足。而确立非专利引文关系中科学论文和技术专利的知识相关性对理解科学研究和技术创新之间的作用机制，促进科学研究成果向实践应用的转化，加速产业间技术转移等方面都具有重要意义。

（2）提出专利及其科学引文存在的四种知识相关类型，即知识背景相关、创新依存相关、技术功能相关、主题概念相关。本书采用德尔菲法归纳的四种科学和技术知识相关类型阐述了科学研究辅助技术创新的四种作用方式。其中，与专利具有知识背景相关的科学研究为技术创新提供了与之有关的科学研究线索；创新依存相关揭示了技术实现的内在科学原理；技术功能相关是跨领域和跨学科知识流动辅助技术创新的重要例证；主题概念相关则证明了应用性科学研究与技术创新活动之间的内在关系。上述四种知识相关类型的存在对仅通过非专利引文频次判断科学与技术关联的研究方式提出了挑战，因为专利并非只引用对其技术创新活动具有应用价值的科学研究，同样地，以科学发现为目的基础科学研究成果也并非不能推动创新实践。对从事基于科学的技术创新企业而言，关注基础科学研究固然重要，但将有限的资源合理地分配到对企业技术突破或技术产品更新换代直接作用的研究领域也是缩短企业研发周期并赢得行业竞争的关键。然而本书第3章的研究结果表明，通过词袋模型计算的文本知识相关性结果与科学研究潜在应用价值之间不具有显著的相关关系，如果不区分知识相关类型而只关注非专利引文频次，很容易将企业资源过多地引向频繁被引用但与应用还有一定距离的科学领域。因此，注意区分专利及其科学引文的知识相关类型，无论是对利用非专利引文从事的企业技术创新实践，或是帮助理解科学与技术之间的复杂交互模式都具有重要的作用。

（3）关键词抽取算法丰富了信息抽取领域的研究成果，与其他基于图的关键词抽取算法相比，该方法在降低参数调试成本的同时也提高了抽词的效果。文本图的构造和关键词加权方式是影响基于图的关键词抽取方法最重要的因素，本书提出的方法并没有采用目前较为主流的固定窗口下的词语共现关系作为在单词间建立联系的依据，而是根据句法解析基础上的词间依存关系在单词之间建立多种语义属性的连接边，省去了对共现滑动窗口的设定和调试工作。此外，虽然该方法生成的文本图密度并不高，但与单词节点连接的多种语义关系属性边丰富了可用于节点权重计算的特征维度，保证了算法的准确性和有效性，因而该算法在信息检索、科学计量、文本挖掘领域具有广泛的应用前景。

（4）整合文本内容相关、"技术—功能"关联、领域知识网络距离特征的文本知识相关性计算方法能够从专利的科学引文中识别出对技术创新实践具有潜在应用价值的科学研究成果。该方法创新性地将基于元路径和外部知识网络的节点相关性计算方法引入文本知识相关性的计算当中，能够较好地处理向量空间模型无法解决的同义词相关问题，并反映出共现词语较低的专利和论文文本之间具有的知识相关性。本书虽然重点介绍了该方法在基于非专利引文的技术创新研究中的应用，但它最为重要的贡献在于提供了一种整合多源异质文本资源的手段。众所周知，科学论文和技术专利中包含了大量未被充分利用和挖掘的人类知识，技术转移、创新扩散、基于文献的知识发现等理论虽为人们如何利用这两类文本更好地进行创新提供了思路，但由于缺乏有效挖掘文本内容的技术工具，与理论相关的实践研究仍受到限制。该方法不仅能够满足专利和论文的文本挖掘任务需要，还提供了整合两类文本进行相关研究的新思路，即根据文本内容的知识相关性而非非专利引文作为关联两类文本的依据。

（5）丰富了科学与技术关联研究的范式与方法，推动了基于文献的知识发现、TRIZ等理论的科学实践。在基于文献的知识发现和TRIZ理论的指导下，作者在相关性计算中创新性地融入了文本知识在技术—功能维度上的语义关联特征。由于文本中包含了类别多样的命名实体及实体间关系，极大地增加了语义信息抽取任务的复杂性。为了实现对本书在特定语义维度上的相关性计算，本书第5章将文本中包含的知识表示为异质信息网络，通过预设元路径来完成文本在特定维度上的相关性计算。"技术—功能"关联的引入，不仅满足了企业从事基于科学的技术创新实践需要，更是对TRIZ中发明问题解决思想的拓展。该理论将核心技术的发展描述为各种技术冲突、难题、矛盾的解决过程，因此在本书中，企业主导的技术创新活动也被描述为从已有的科学研究中寻找解决技术问题方法的求解过程，类似的技术求解也同样出现在了基于文献的知识发现理论当中。与将上述理论应用在单一类型文本中不同（科学或技术文本），本书的相关性计算方法能够帮助刻画不同类型文本间的知识关联（科学和技术文本），答案范围的扩大也间接地增加了为技术问题搜寻到可行解的机会。

7.3 研究局限与展望

本书的研究工作还存在如下不足：

首先，本书与非专利引文相关的研究工作都是在以 3D 打印技术为例的前提下进行，因而数据的采集、研究结论的适用范围及相关解释是领域独立的，有必要通过多个领域的比较研究检验结论的特殊性和一般性，从而提炼出规律性的研究成果。此外，虽然本书用于分析的数据规模较大，但专利数据均来自美国专利与商标局。由于不同国家对非专利引文添加的政策法规要求存在差异，可能导致本书的结论无法扩展至其他国家或地区。

其次，本书的关键词抽取算法是以句法解析为前提的，因此没有办法应用于缺乏句法解析分析工具的语言文本当中。在算法评估方面，本书仅根据当前研究的需要在公开的论文摘要语料上对算法效率进行比较，未来的工作可以进一步增加算法评估的语料类型和 baseline 算法数量，使得算法能够适用于更多信息检索情境和任务。

最后，本书提出的科学和技术文本知识相关性计算方法具有较为丰富的应用情境，除了用于完成企业的合作伙伴识别，还可应用在竞争对手识别、技术机会识别、技术趋势分析等竞争情报分析任务中，而方法应用的关键则在于通过计算两类文本知识的相关性得分在不同研发主体、行业、领域间确立知识关联或知识互补的强度，确立不同研究对象的相关关系。在本书第 5 章，作者采用基于统计学和领域专家知识两种方法对算法的有效性进行了说明，但第 6 章的研究结论仍需要在未来的研究中进行检验。此外，还需要结合任务、文本、领域特性等对方法的适用性边界进行深入探索。

　　未来的研究工作主要从两个方面进行，首先，进一步提升本书提出的关键词抽取算法效率，重点关注对单词节点权重计算方式的改进，并将该方法应用于信息检索、人机交互、科学计量等更广泛的实践研究当中；其次，将本书提出的知识相关性计算方法应用于探索科学与技术关联的研究当中，可利用算得的知识相关性得分和非专利引文作为在技术专利和科学论文间建立科学链接的依据，探讨科学进步对技术发展的影响与作用机制，细化科学知识与技术知识的相关类型，丰富创新知识扩散的理论成果，指导并推进基于专利和论文文本的知识发现研究实践。

参考文献

[1] 中华人民共和国国务院办公厅. 国务院关于印发"十三五"国家科技创新规划的通知 [EB/OL]. (2016-07-28) [2019-03-20]. http://www.scio.gov.cn/xwfbh/xwbfbh/wqfbh/39595/42270/xgzc42276/Document/1670543/1670543.html.

[2] 经济合作与发展组织. 弗拉斯卡蒂手册 [M]. 张玉勤, 译. 北京: 科学技术文献出版社, 2010.

[3] 李醒民. 科学和技术异同论 [J]. 自然辩证法通讯, 2007, 29 (1): 1-9.

[4] 刘小玲, 谭宗颖, 张超星. 国内外"科学—技术关系"研究方法述评——聚焦文献计量方法 [J]. 图书情报工作, 2015, 59 (13): 142-148.

[5] 杨建林. 知识表示与知识相关性度量研究 [J]. 情报理论与实践, 2011, 34 (5): 1-5.

[6] 马费成, 罗志成, 曾杰. 知识相关度的计量研究 [J]. 情报科学, 2008 (5): 641-646; 656.

[7] 张金柱, 张晓林. 基于专利科学引文的突破性创新识别研究述评 [J]. 情报学报, 2016, 35 (9): 955-962.

[8] 罗杰斯 E M. 创新的扩散 [M]. 唐兴通, 郑常青, 张延臣, 译. 北京: 电子工业出版社, 2016.

[9] 荣毅虹, 梁战平. 基于文献的发现 [J]. 情报学报, 2002, 21 (4): 386-390.

[10] 吴明智, 崔雷. Swanson关联研究中分析方法研究的进展 [J]. 医学信息学杂志, 2009 (2): 16-20.

[11] 郭卫宁，司莉．国内非相关文献知识发现研究综述 [J]．图书情报知识，2013（6）：97-105.

[12] 曹志杰，冷伏海．非相关文献知识发现方法在航天科技情报研究中的应用分析 [J]．情报理论与实践，2008（4）：569-572.

[13] 付芸，汪雪锋，李佳，等．基于SAO结构的创新解决方案遴选研究——以空气净化技术为例 [J]．图书情报工作，2019，63（6）：75-84.

[14] 黄水清，马俊岭．汉语社会科学文献非相关文献知识发现的实证研究——以农业经济学文献为例 [J]．中国图书馆学报，2009，35（4）：31-38.

[15] 张晗，崔雷，姜洋．运用非相关文献知识发现方法挖掘科研机构潜在的合作方向 [J]．现代图书情报技术，2006（4）：45-48.

[16] 黄鲁成，王静静，李欣，等．基于论文和专利的钙钛矿太阳能电池的技术机会分析 [J]．情报学报，2016，35（7）：686-695.

[17] 王芳，赵洪，张维冲．我国情报学科理论研究形态及学术影响力的全数据分析 [J]．图书情报知识，2018（6）：15-28.

[18] 陈颖，张晓林．专利技术功效矩阵构建研究进展 [J]．现代图书情报技术，2011（11）：1-8.

[19] 陆佳伟，慎金花，张更平，等．基于领域本体的专利技术—功效文本挖掘方法——以MOCVD技术为例 [J]．价值工程，2018，37（2）：245-248.

[20] 钟伟金．共现关键词—叙词同义关系自动识别研究——基于互信息法、概率法的对比分析 [J]．图书情报工作，2012，56（18）：122-126.

[21] 孙健，王伟，钟义信．基于统计的常用词搭配（Collocation）的发现方法 [J]．情报学报，2002（1）：12-16.

[22] 郭宇，王晰巍，贺伟，等．基于文献计量和知识图谱可视化方法的国内外低碳技术发展动态研究 [J]．情报科学，2015，33（4）：139-148.

[23] 龚惠群，刘琼泽，黄超．机器人产业技术机会发现研究——基于专利文本挖掘 [J]．科技进步与对策，2014，31（5）：70-74.

[24] 党倩娜，罗天雨，曹磊．多维视角下大数据领域技术创新演进、前沿与特性 [J]．科学学与科学技术管理，2015，36（8）：49-60.

[25] 陈德鑫，占袁圆，杨兵，等．基于CNN-BiLSTM模型的在线医疗实体抽取研究 [J]．图书情报工作，2019，63（12）：105-113.

[26] 汪雪锋，付芸，邱鹏君，等．基于SAO分析的R&D合作伙伴识别研究 [J]．科研管理，2015，36（10）：19-27.

[27] 曹明，陈荣，孙济庆，等．基于专利分析的技术竞争力比较研究 [J]．科学学研究，2016，34（3）：380-385；470.

[28] 林静静，林甫．基于专利指标的企业技术竞争力评价框架研究 [J]．现代

情报，2016，36（10）：22-27；33.

［29］ 李诗，洪涛，吴超鹏.上市公司专利对公司价值的影响——基于知识产权
保护视角［J］.南开管理评论，2012，15（6）：4-13；24.

［30］ 娄策群.学术机构科研能力评价的文献计量指标与模型［J］.情报理论与
实践，1995（5）：14-17.

［31］ 王禹超.研究型大学科研创新能力评价指标体系研究［D］.武汉：华中师
范大学，2013.

［32］ BOZEMAN B.Technology transfer and public policy：a review of research
and theory［J］. Research Policy，2000，29（4-5）：627-655.

［33］ BOZEMAN B，RIMES H，YOUTIE J.The evolving state-of-the-art in
technology transfer research：revisiting the contingent effectiveness
model［J］. Research Policy，2015，44（1）：34-49.

［34］ GITTELMAN M，KOGUT B. Does good science lead to valuable
knowledge？biotechnology firms and the evolutionary logic of citation
patterns［J］. Management Science，2003，49（4）：366-382.

［35］ HAGEDOORN J.Understanding the rationale of strategic technology partnering：
interorganizational modes of cooperation and sectoral differences［J］.
Strategic Management Journal，1993，14（5）：371-385.

［36］ DANNEELS E.The dynamics of product innovation and firm competences
［J］. Strategic Management Journal，2002，23（12）：1095-1121.

［37］ DU J，LETEN B，VANHAVERBEKE W. Managing open innovation
projects with science-based and market-based partners［J］. Research
Policy，2014，43（5）：828-840.

［38］ ACS Z J，AUDRETSCH D B，FELDMAN M P.Real effects of academic
research：comment［J］. The American Economic Review，1992，82
（1）：363-367.

［39］ NARIN F，HAMILTON K S，OLIVASTRO D. The increasing linkage
between US technology and public science［J］. Research Policy，1997，
26（3）：317-330.

［40］ KLEVORICK A K，LEVIN R C，NELSON R R，et al.On the sources and
significance of interindustry differences in technological opportunities
［J］. Research Policy，1995，24（2）：185-205.

［41］ HARHOFF D，SCHERER F M，VOPEL K. Citations，family size，
opposition and the value of patent rights［J］. Research Policy，2003，
32（8）：1343-1363.

[42] NARIN F, OLIVASTRO D. Status report: linkage between technology and science [J]. Research Policy, 1992, 21 (3): 237-249.

[43] LO, SCS.Scientific linkage of science research and technology development: a case of genetic engineering research [J]. Scientometrics, 2010, 82 (1): 109-120.

[44] HYUN - WOO PARK, SANG - HYUK SUH. Scientific and technological knowledge flow and technological innovation: quantitative approach using patent citation [J]. Asian Journal of Technology Innovation, 2013, 21 (1): 153-169.

[45] CARPENTER M P, NARIN F. Validation study: Patent citations as indicators of science and foreign dependence [J]. World Patent Information, 1983, 5 (3): 180-185.

[46] MEYER M. Patent citation analysis in a novel field of technology: an exploration of nano-science and nano-technology [J]. Scientometrics, 2001, 51 (1): 163-183.

[47] KWON S, PORTER A, YOUTIE J.Navigating the innovation trajectories of technology by combining specialization score analyses for publications and patents: graphene and nano-enabled drug delivery [J]. Scientometrics, 2016, 106 (3): 1057-1071.

[48] VERBEEK A, DEBACKERE K, LUWEL M, et al. Linking science to technology: using bibliographic references in patents to build linkage schemes [J]. Scientometrics, 2002, 54 (3): 399-420.

[49] MEYER M. Tracing knowledge flows in innovation systems [J]. Scientometrics, 2002, 54 (2): 193-212.

[50] MURRAY F.Innovation as co-evolution of scientific and technological networks: exploring tissue engineering [J]. Research Policy, 2002, 31 (8-9): 1389-1403.

[51] SCHMOCH U. Tracing the knowledge transfer from science to technology as reflected in patent indicators [J]. Scientometrics, 1993, 26 (1): 193-211.

[52] SHIBATA N, KAJIKAWA Y, SAKATA I.Extracting the commercialization gap between science and technology: case study of a solar cell [J]. Technological Forecasting and Social Change, 2010, 77 (7): 1147-1155.

[53] CALLAERT J, VAN LOOY B, VERBEEK A, et al.Traces of prior art: an analysis of non-patent references found in patent documents [J].

Scientometrics, 2006, 69（1）: 3-20.

[54] VAN ELS W, JANSZ C, LE PAIR C.The citation gap between printed and instrumental output of technological research: the case of the electron microscope [J]. Scientometrics, 1989, 17（5-6）: 415-425.

[55] MALO S, GEUNA A.Science-technology linkages in an emerging research platform: the case of combinatorial chemistry and biology [J]. Scientometrics, 2000, 47（2）: 303-321.

[56] ROACH M, COHEN W M.Lens or prism? patent citations as a measure of knowledge flows from public research [J]. Management Science, 2013, 59（2）: 504-525.

[57] BHATTACHARYA S, MEYER M.Large firms and the science-technology interface patents, patent citations, and scientific output of multinational corporations in thin films [J]. Scientometrics, 2003, 58（2）: 265-279.

[58] GRANT, EDWARD. "Ancient Egypt to Plato". A history of natural philosophy: from the ancient world to the nineteenth century（first ed.）[M]. New York: Cambridge University Press, 2007: 1-26.

[59] GUAN J, HE Y.Patent-bibliometric analysis on the Chinese science-technology linkages [J]. Scientometrics, 2007, 72（3）: 403-425.

[60] CORIAT B, ORSI F, WEINSTEIN O.Does biotech reflect a new science-based innovation regime? [J]. Industry and Innovation, 2003, 10（3）: 231-253.

[61] SCHOENMAKERS W, DUYSTERS G.The technological origins of radical inventions [J]. Research Policy, 2010, 39（8）: 1051-1059.

[62] QUINN J B.Technological innovation, entrepreneurship, and strategy [J]. Sloan Management Review, 1979, 20（3）: 19.

[63] BROWN S L, EISENHARDT K M.Product development: past research, present findings, and future directions [J]. Academy of Management Review, 1995, 20（2）: 343-378.

[64] GRABHER G.Learning in projects, remembering in networks? communality, sociality, and connectivity in project ecologies [J]. European Urban and Regional Studies, 2004, 11（2）: 103-123.

[65] HAGEDOORN J, LINK A N, VONORTAS N S.Research partnerships [J]. Research Policy, 2000, 29（4-5）: 567-586.

[66] FABRIZIO K R.Absorptive capacity and the search for innovation [J].

Research Policy, 2009, 38 (2): 255-267.

[67]　COCKBURN I M, HENDERSON R M.Absorptive capacity, coauthoring behavior, and the organization of research in drug discovery [J]. The Journal of Industrial Economics, 1998, 46 (2): 157-182.

[68]　DAIM T U, RUEDA G, MARTIN H, et al.Forecasting emerging technologies: use of Bibliometrics and patent analysis [J]. Technological Forecasting and Social Change, 2006, 73 (8): 981-1012.

[69]　BACCHIOCCHI E, MONTOBBIO F.Knowledge diffusion from university and public research.a comparison between US, Japan and Europe using Patent Citations [J]. The Journal of Technology Transfer, 2009, 34 (2): 169-181.

[70]　HU D, CHEN H, HUANG Z, et al.Longitudinal study on patent citations to academic research articles in nanotechnology (1976—2004) [J]. Journal of Nanoparticle Research, 2007, 9 (4): 529-542.

[71]　WASSERMAN S, FAUST K.Social network analysis: methods and applications [M]. Cambridge: Cambridge University Press, 1994.

[72]　FELDMAN M P, AUDRETSCH D B.Innovation in cities: science-based diversity, specialization and localized competition [J]. European Economic Review, 1999, 43 (2): 409-429.

[73]　LIAO Y C, PHAN P H.Internal capabilities, external structural holes network positions, and knowledge creation [J]. The Journal of Technology Transfer, 2016, 41 (5): 1148-1167.

[74]　CHEN C, HICKS D.Tracing knowledge diffusion [J]. Scientometrics, 2004, 59 (2): 199-211.

[75]　MARTINEZ-BRAWLEY E E.Knowledge diffusion and transfer of technology: conceptual premises and concrete steps for human services innovators [J]. Social Work, 1995, 40 (5): 670-682.

[76]　SWANSON D R.Fish oil, Raynaud's syndrome, and undiscovered public knowledge [J]. Perspectives in Biology and Medicine, 1986, 30 (1): 7-18.

[77]　SWANSON D R, SMALHEISER N R.An interactive system for finding complementary literatures: a stimulus to scientific discovery [J]. Artificial Intelligence, 1997, 91 (2): 183-203.

[78]　WEEBER M, KLEIN H, et al.Using concepts in literature-based discovery: simulating swanson's raynaud—fish oil and migraine—magnesium discoveries

[J]. Journal of the American Society for Information Science and Technology, 2001, 52 (7): 548-557.

[79] MCCALMAN P. Reaping what you sow: an empirical analysis of international patent harmonization [J]. Journal of International Economics, 2001, 55 (1): 161-186.

[80] GAO J, DING K, TENG L, et al.Hybrid documents co-citation analysis: making sense of the interaction between science and technology in technology diffusion [J]. Scientometrics, 2012, 93 (2): 459-471.

[81] NARIN F, NOMA E. Is technology becoming science? [J]. Scientometrics, 1985, 7 (3-6): 369-381.

[82] GLÄNZEL W, MEYER M.Patents cited in the scientific literature: an exploratory study of 'reverse' citation relations [J]. Scientometrics, 2003, 58 (2): 415-428.

[83] HUANG M H, YANG H W, CHEN D Z. Increasing science and technology linkage in fuel cells: a cross citation analysis of papers and patents [J]. Journal of Informetrics, 2015, 9 (2): 237-249.

[84] MICHEL J, BETTELS B. Casic input data from patent search reports [J]. Scientometrics, 2001, 51 (1): 185-201.

[85] TUSSEN R J W, BUTER R K, VAN LEEUWEN T N. Technological relevance of science: an assessment of citation linkages between patents and research papers [J]. Scientometrics, 2000, 47 (2): 389-412.

[86] LI R, CHAMBERS T, DING Y, et al. Patent citation analysis: calculating science linkage based on citing motivation [J]. Journal of the Association for Information Science and Technology, 2014, 65 (5): 1007-1017.

[87] XU H. Topic-linked innovation paths in science and technology [J]. Journal of Informetrics, 2020, 14 (2).

[88] DAIM T U, SHIBATA N, KAJIKAWA Y, et al. Detecting potential technological fronts by comparing scientific papers and patents [J]. Foresight, 2011.

[89] XU S, ZHAI D, WANG F, et al. A novel method for topic linkages between scientific publications and patents [J]. Journal of the Association for Information Science and Technology, 2019, 70 (9): 1026-1042.

［90］ MEYER M, PERSSON O.Nanotechnology-interdisciplinarity, patterns of collaboration and differences in application［J］. Scientometrics, 1998, 42（2）: 195-205.

［91］ CALLAERT J, PELLENS M, VAN LOOY B. Sources of inspiration? making sense of scientific references in patents［J］. Scientometrics, 2014, 98（3）: 1617-1629.

［92］ ALCACER J, GITTELMAN M. Patent citations as a measure of knowledge flows: the influence of examiner citations［J］. The Review of Economics and Statistics, 2006, 88（4）: 774-779.

［93］ ALCÁCER J, GITTELMAN M, SAMPAT B. Applicant and examiner citations in US patents: an overview and analysis［J］. Research Policy, 2009, 38（2）: 415-427.

［94］ LEMLEY M A, SAMPAT B.Examiner characteristics and patent office outcomes［J］. Review of Economics and Statistics, 2012, 94（3）: 817-827.

［95］ HICKS D, BREITZMAN SR A, HAMILTON K, et al. Research excellence and patented innovation［J］. Science and Public Policy, 2000, 27（5）: 310-320.

［96］ POPP D. From science to technology: the value of knowledge from different energy research institutions［J］. Research Policy, 2017, 46（9）: 1580-1594.

［97］ AHMADPOOR M, JONES B F.The dual frontier: patented inventions and prior scientific advance［J］. Science, 2017, 357（6351）: 583-587.

［98］ VAN RAAN A F J, WINNINK J J.Do younger sleeping beauties prefer a technological prince?［J］. Scientometrics, 2018, 114（2）: 701-717.

［99］ VEUGELERS R, WANG J. Scientific novelty and technological impact ［J］. Research Policy, 2019, 48（6）: 1362-1372.

［100］ FLEMING L, SORENSON O.Science as a map in technological search ［J］. Strategic Management Journal, 2004, 25（8-9）: 909-928.

［101］ CASSIMAN B, VEUGELERS R, ZUNIGA P.In search of performance effects of (in) direct industry science links［J］. Industrial and Corporate Change, 2008, 17（4）: 611-646.

［102］ LI D, AZOULAY P, SAMPAT B N. The applied value of public investments in biomedical research［J］. Science, 2017, 356（6333）:

78-81.

[103] SORENSON O, FLEMING L. Science and the diffusion of knowledge [J]. Research Policy, 2004, 33 (10): 1615-1634.

[104] APPIO F P, MARTINI A, FANTONI G.The light and shade of knowledge recombination: insights from a general-purpose technology [J]. Technological Forecasting and Social Change, 2017, 125 (1): 154-165.

[105] BRANSTETTER L. Exploring the link between academic science and industrial innovation [J]. Annales d'Economie et de Statistique, 2005: 119-142.

[106] STERZI V. Patent quality and ownership: an analysis of UK faculty patenting [J]. Research Policy, 2013, 42 (2): 564-576.

[107] WONG C Y, WANG L.Trajectories of science and technology and their co-evolution in BRICS: insights from publication and patent analysis [J]. Journal of Informetrics, 2015, 9 (1): 90-101.

[108] ACOSTA M, CORONADO D. Science-technology flows in Spanish Regions: an analysis of scientific citations in patents [J]. Research Policy, 2003, 32 (10): 1783-1803.

[109] MCMILLAN G S, NARIN F, DEEDS D L.An analysis of the critical role of public science in innovation: the case of biotechnology [J]. Research Policy, 2000, 29 (1): 1-8.

[110] BRESCHI S, CATALINI C. Tracing the links between science and technology: an exploratory analysis of scientists' and inventors' networks [J]. Research Policy, 2010, 39 (1): 14-26.

[111] CARPENA P, BERNAOLA-GALVÁN P, HACKENBERG M, et al. Level statistics of words: finding keywords in literary texts and symbolic sequences [J]. Physical Review, 2009, 79 (3).

[112] CARRETERO-CAMPOS C, BERNAOLA-GALVÁN P, CORONADO A V, et al.Improving statistical keyword detection in short texts: Entropic and clustering approaches [J]. Physica A: Statistical Mechanics and its Applications, 2013, 392 (6): 1481-1492.

[113] KRIER M, ZACCA F. Automatic categorisation applications at the European patent office [J]. World Patent Information, 2002, 24 (3): 187-196.

[114] ABACHA A B, CHOWDHURY M F M, KARANASIOU A, et al. Text mining for pharmacovigilance: using machine learning for drug name

recognition and drug-drug interaction extraction and classification [J] .
Journal of Biomedical Informatics, 2015 (58): 122-132.

[115] LUO L, YANG Z, YANG P, et al.An attention-based BiLSTM-CRF approach
to document-level chemical named entity recognition [J] . Bioinformatics,
2018, 34 (8): 1381-1388.

[116] REE J J, JEONG C, PARK H, et al.Context-problem network and
quantitative method of patent analysis: a case study of wireless energy
transmission technology [J]. Sustainability, 2019, 11 (5): 1484.

[117] YOON J, CHOI S, KIM K.Invention property-function network analysis
of patents: a case of silicon-based thin film solar cells [J] . Scientometrics,
2011, 86 (3): 687-703.

[118] SEO W, YOON J, PARK H, et al. Product opportunity identification
based on internal capabilities using text mining and association rule mining
[J] . Technological Forecasting and Social Change, 2016, 105 (1):
94-104.

[119] WANG P, HAO T, YAN J, et al.Large-scale extraction of drug-disease
pairs from the medical literature [J] . Journal of the Association for
Information Science and Technology, 2017, 68 (11): 2649-2661.

[120] GRUBER T R.A translation approach to portable ontology specifications
[J]. Knowledge Acquisition, 1993, 5 (2): 199-221.

[121] MALLORY E K, ZHANG C, RÉ C, et al.Large-scale extraction of gene
interactions from full-text literature using DeepDive [J]. Bioinformatics,
2016, 32 (1): 106-113.

[122] GIOUTLAKIS A, KLAPA M I, MOSCHONAS N K.PICKLE 2.0: a human
protein-protein interaction meta-database employing data integration via
genetic information ontology [J]. Plos One, 2017, 12 (10).

[123] KASTHURIRATHNE S N, DIXON B E, GICHOYA J, et al.Toward better
public health reporting using existing off the shelf approaches: the value
of medical dictionaries in automated cancer detection using plaintext
medical data [J]. Journal of Biomedical Informatics, 2017, 69: 160-176.

[124] KIM H, KIM K.Causality-based function network for identifying technological
analogy [J] . Expert Systems with Applications, 2012, 39 (12):
10607-10619.

[125] FANTONI G, APREDA R, DELL' ORLETTA F, et al. Automatic
extraction of function-behaviour-state information from patents [J] .

Advanced Engineering Informatics, 2013, 27 (3): 317-334.

[126] GUTIERREZ F, DOU D, FICKAS S, et al. A hybrid ontology-based information extraction system [J]. Journal of Information Science, 2016, 42 (6): 798-820.

[127] TAHSIN T, WEISSENBACHER D, RIVERA R, et al. A high-precision rule-based extraction system for expanding geospatial metadata in GenBank records [J]. Journal of the American Medical Informatics Association, 2016, 23 (5): 934-941.

[128] KLUEGL P, TOEPFER M, BECK P D, et al. UIMA Ruta: rapid development of rule-based information extraction applications [J]. Natural Language Engineering, 2016, 22 (1): 1-40.

[129] LUHN H P. A statistical approach to mechanized encoding and searching of literary information [J]. IBM Journal of Research and Development, 1957, 1 (4): 309-317.

[130] JONES K S. A statistical interpretation of term specificity and its application in retrieval [J]. The Journal of Documentation, 2004, 60 (5): 493-502.

[131] YOON B, PARK Y. A text-mining-based patent network: analytical tool for high-technology trend [J]. The Journal of High Technology Management Research, 2004, 15 (1): 37-50.

[132] ROKAYA M, ATLAM E, FUKETA M, et al. Ranking of field association terms using co-word analysis [J]. Information Processing & Management, 2008, 44 (2): 738-755.

[133] USUI S, PALMES P, NAGATA K, et al. Keyword extraction, ranking, and organization for the neuroinformatics platform [J]. Biosystems, 2007, 88 (3): 334-342.

[134] BOOKSTEIN A, SWANSON D R. Probabilistic models for automatic indexing [J]. Journal of the American Society for Information Science, 1974, 25 (5): 312-316.

[135] HARTER S P. A probabilistic approach to automatic keyword indexing. part II. an algorithm for probabilistic indexing [J]. Journal of the American Society for Information Science, 1975, 26 (5): 280-289.

[136] ORTUÑO M, CARPENA P, BERNAOLA-GALVÁN P, et al. Keyword detection in natural languages and DNA [J]. EPL (Europhysics Letters), 2002, 57 (5): 759.

［137］ YOON B, PHAAL R, PROBERT D.Morphology analysis for technology roadmapping: application of text mining ［J］. R&d Management, 2008, 38 (1): 51-68.

［138］ TURNEY P D. Learning algorithms for keyphrase extraction ［J］. Information Retrieval, 2000, 2 (4): 303-336.

［139］ SARKAR K, NASIPURI M, GHOSE S. Machine learning based keyphrase extraction: comparing decision trees, naïve Bayes, and artificial neural networks ［J］. Journal of Information Processing Systems, 2012, 8 (4): 693-712.

［140］ WU X, DU Z, GUO Y.A visual attention-based keyword extraction for document classification ［J］. Multimedia Tools and Applications, 2018, 77 (19): 25355-25367.

［141］ KARYPIS G, HAN E H, KUMAR V.Chameleon: hierarchical clustering using dynamic modeling ［J］. Computer, 1999, 32 (8): 68-75.

［142］ EISEN M B, SPELLMAN P T, BROWN P O, et al.Cluster analysis and display of genome-wide expression patterns ［J］. Proceedings of the National Academy of Sciences, 1998, 95 (25): 14863-14868.

［143］ KONKOL M, BRYCHCÍN T, KONOPÍK M. Latent semantics in named entity recognition ［J］. Expert Systems with Applications, 2015, 42 (7): 3470-3479.

［144］ MARTINEZ-ROMO J, ARAUJO L, DUQUE FERNANDEZ A.SemGraph: extracting keyphrases following a novel semantic graph-based approach ［J］. Journal of the Association for Information Science and Technology, 2016, 67 (1): 71-82.

［145］ ETZIONI O, CAFARELLA M, DOWNEY D, et al.Unsupervised named-entity extraction from the web: an experimental study ［J］. Artificial intelligence, 2005, 165 (1): 91-134.

［146］ ROSE S, ENGEL D, CRAMER N, et al.Automatic keyword extraction from individual documents ［J］. Text Mining: Applications and Theory, 2010 (1): 1-20.

［147］ ALREHAMY H, WALKER C.Exploiting extensible background knowledge for clustering-based automatic keyphrase extraction ［J］. Soft Computing, 2018, 22 (21): 7041-7057.

［148］ LYNN H M, LEE E, CHOI C, et al. Swiftrank: an unsupervised statistical approach of keyword and salient sentence extraction for

individual documents〔J〕. Procedia Computer Science, 2017（113）:
472-477.

〔149〕 YAN E, ZHU Y. Identifying entities from scientific publications: a
comparison of vocabulary-and model-based methods〔J〕. Journal of
Informetrics, 2015, 9（3）: 455-465.

〔150〕 WISHART D S, JEWISON T, GUO A C, et al. HMDB 3.0—the human
metabolome database in 2013〔J〕. Nucleic Acids Research, 2012, 41
（D1）: D801-D807.

〔151〕 GUPTA S, MANNING C D. Analyzing the dynamics of research by
extracting key aspects of scientific papers〔J〕. Proceedings of Ljcnlp,
2011.

〔152〕 CHEN X, YAN G Y. Semi-supervised learning for potential human microRNA-
disease associations inference〔J〕. Scientific Reports, 2014, 4（4）.

〔153〕 PÉREZ A, WEEGAR R, CASILLAS A, et al. Semi-supervised medical
entity recognition: a study on Spanish and Swedish clinical corpora〔J〕.
Journal of Biomedical Informatics, 2017（71）: 16-30.

〔154〕 DUARI S, BHATNAGAR V. sCAKE: semantic connectivity aware
keyword extraction〔J〕. Information Sciences, 2019（477）: 100-117.

〔155〕 BLANCO R, LIOMA C. Graph-based term weighting for information retrieval
〔J〕. Information Retrieval, 2012, 15（1）: 54-92.

〔156〕 MOEHRLE M G, WALTER L, GERITZ A, et al. Patent-based inventor
profiles as a basis for human resource decisions in research and
development〔J〕. R&d Management, 2005, 35（5）: 513-524.

〔157〕 PARK H, REE J J, KIM K. Identification of promising patents for
technology transfers using TRIZ evolution trends〔J〕. Expert Systems
with Applications, 2013, 40（2）: 736-743.

〔158〕 PARK H, KIM K, CHOI S, et al. A patent intelligence system for
strategic technology planning〔J〕. Expert Systems with Applications,
2013, 40（7）: 2373-2390.

〔159〕 AN J, KIM K, MORTARA L, et al. Deriving technology intelligence from
patents: preposition-based semantic analysis〔J〕. Journal of Informetrics,
2018, 12（1）: 217-236.

〔160〕 ERNST H. Patent information for strategic technology management〔J〕.
World Patent Information, 2003, 25（3）: 233-242.

〔161〕 PARK H W, KANG J. Patterns of scientific and technological knowledge flows based on scientific papers and patents ［J］. Scientometrics, 2009, 81 (3): 811.

［162］ CHEN L. Do patent citations indicate knowledge linkage? the evidence from text similarities between patents and their citations ［J］. Journal of Informetrics, 2017, 11 (1): 63-79.

［163］ AHLGREN P, COLLIANDER C. Document-document similarity approaches and science mapping: experimental comparison of five approaches ［J］. Journal of Informetrics, 2009, 3 (1): 49-63.

［164］ MAGERMAN T, VAN LOOY B, SONG X. Exploring the feasibility and accuracy of latent semantic analysis based text mining techniques to detect similarity between patent documents and scientific publications ［J］. Scientometrics, 2010, 82 (2): 289-306.

［165］ PARK H, YOON J, KIM K. Identifying patent infringement using SAO based semantic technological similarities ［J］. Scientometrics, 2012, 90 (2): 515-529.

［166］ STEYVERS M, GRIFFITHS T. Probabilistic topic models ［J］. Handbook of Latent Semantic Analysis, 2007, 427 (7): 424-440.

［167］ BLEI D M, NG A Y, JORDAN M I. Latent dirichlet allocation (Article) ［J］. Journal of Machine Learning Research, 2003, 3 (1): 993-1022.

［168］ GRIFFITHS T L, STEYVERS M. Colloquium Paper Mapping Knowledge Domains: Finding scientific topics ［J］. Proceedings of the National Academy of Sciences, 2004, 101 (suppl 1): 5228-5235.

［169］ ZHOU G, QIAN L, FAN J. Tree kernel-based semantic relation extraction with rich syntactic and semantic information ［J］. Information Sciences, 2010, 180 (8): 1313-1325.

［170］ ETZIONI O, BANKO M, SODERLAND S, et al. Open information extraction from the web ［J］. Communications of the ACM, 2008, 51 (12): 68-74.

［171］ VO D T, BAGHERI E. Self-training on refined clause patterns for relation extraction ［J］. Information Processing & Management, 2018, 54 (4): 686-706.

［172］ ZHANG Y, ZHOU X, PORTER A L, et al. How to combine term clumping and technology roadmapping for newly emerging science & technology competitive intelligence: "problem & solution" pattern based semantic TRIZ tool and case study ［J］. Scientometrics, 2014,

101（2）：1375-1389.

［173］ ZHANG Y, MILIOS E, ZINCIR-HEYWOOD N.A comparative study on key phrase extraction methods in automatic web site summarization ［J］. JDIM, 2007, 5（5）：323-332.

［174］ BATAGELJ V, ZAVERŠNIK M. Fast algorithms for determining （generalized）core groups in social networks ［J］. Advances in Data Analysis and Classification, 2011, 5（2）：129-145.

［175］ SUN Y, HAN J, YAN X, et al.Pathsim：meta path-based top-k similarity search in heterogeneous information networks ［J］. Proceedings of the VLDB Endowment, 2011, 4（11）：992-1003.

［176］ KESELMAN A, ROSEMBLAT G, KILICOGLU H, et al. Adapting semantic natural language processing technology to address information overload in influenza epidemic management ［J］. Journal of the American Society for Information Science and Technology, 2010, 61（12）：2531-2543.

［177］ BERGMANN I, BUTZKE D, WALTER L, et al.Evaluating the risk of patent infringement by means of semantic patent analysis：the case of DNA chips ［J］. R&d Management, 2008, 38（5）：550-562.

［178］ GERKEN J M, MOEHRLE M G. A new instrument for technology monitoring：novelty in patents measured by semantic patent analysis ［J］. Scientometrics, 2012, 91（3）：645-670.

［179］ CHOI S, PARK H, KANG D, et al.An SAO-based text mining approach to building a technology tree for technology planning ［J］. Expert Systems with Applications, 2012, 39（13）：11443-11455.

［180］ HIRTZ J, STONE R B, MCADAMS D A, et al.A functional basis for engineering design：reconciling and evolving previous efforts ［J］. Research in engineering Design, 2002, 13（2）：65-82.

［181］ ANDERSEN K V.The problem of embeddedness revisited：collaboration and market types ［J］. Research Policy, 2013, 42（1）：139-148.

［182］ ROTHAERMEL F T, BOEKER W.Old technology meets new technology：complementarities, similarities, and alliance formation ［J］. Strategic Management Journal, 2008, 29（1）：47-77.

［183］ DUSHNITSKY G, SHAVER J M. Limitations to interorganizational knowledge acquisition：the paradox of corporate venture capital ［J］. Strategic Management Journal, 2009, 30（10）：1045-1064.

［184］ LIAO C H.How to improve research quality? examining the impacts of collaboration intensity and member diversity in collaboration networks ［J］. Scientometrics，2011，86（3）：747-761.

［185］ LO J Y，LI H.In the eyes of the beholder：the effect of participant diversity on perceived merits of collaborative innovations ［J］. Research Policy，2018，47（7）：1229-1242.

［186］ PERRY-SMITH J E，SHALLEY C E.The social side of creativity：a static and dynamic social network perspective ［J］. Academy of Management Review，2003，28（1）：89-106.

［187］ LI E Y，LIAO C H，YEN H R.Co-authorship networks and research impact：a social capital perspective ［J］. Research Policy，2013，42（9）：1515-1530.

［188］ STIRLING A.A general framework for analysing diversity in science，technology and society ［J］. Journal of the Royal Society Interface，2007，4（15）：707-719.

［189］ SCHMOCH U.Evaluation of technological strategies of companies by means of MDS maps ［J］. International Journal of Technology Management，1995，10（4-6）：426-440.

［190］ TSENG F M，HSIEH C H，PENG Y N，et al.Using patent data to analyze trends and the technological strategies of the amorphous silicon thin-film solar cell industry ［J］. Technological Forecasting and Social Change，2011，78（2）：332-345.

［191］ YOON J，PARK H，KIM K.Identifying technological competition trends for R&D planning using dynamic patent maps：SAO-based content analysis ［J］. Scientometrics，2013，94（1）：313-331.

［192］ ASSARI A，ASSARI E.Role of public participation in sustainability of historical city：usage of TOPSIS method ［J］. Indian Journal of Science and Technology，2012，5（3）：2289-2294.

附录

附录A：科学与技术文本知识相关类型调查问卷

尊敬的专家学者：

您好！这是一份有关科学论文和技术专利文本知识相关类型的德尔菲专家调查法问卷，您所提供的信息仅用于研究。为了得到科学可靠的研究结论，请您结合领域知识按照要求进行作答，十分感谢您对本次研究的支持和帮助。

1.请您填写如下基本信息：

工作单位：

职务：

研究领域：

学历：

2.填写说明：

请阅读随问卷发送的专利和论文文本，并根据您的知识和经验总结出两个文本中知识相关的类型。本次调查将进行多轮，在每一轮调查结束后将会对您和其他专家提出的知识相关类型进行整理和汇总，并在新一轮的调查时征询您对汇总分类的意见，直至您和其他专家的意见达成一致后停止。

附录B：德尔菲专家调查法第一轮反馈结果

专利文本	论文文本	专家1	专家2	专家3	专家4	专家5	专家6
基于新技术的新设备	开发新技术	√	√	√		√	
包含新技术构成组件的新设备	开发新技术		√	√	√	√	√
技术功能实现方法	技术功能实现途径	√		√		√	
基于催化反应的材料制备	化学催化反应		√	√		√	√
新制造工艺	工艺原理	√			√	√	
同种铸造工艺应用	新铸造工艺		√	√		√	
铸造工艺应用	铸造工艺的实现方法	√	√				√
材料加工工艺	相同材料的加工工艺	√		√	√		√
材料加工工艺	不同材料的同种加工工艺		√	√		√	
材料加工工艺	材料制备工艺	√	√	√	√		√
新功能实现产品	不同工艺的同类产品	√			√	√	
新技术设备	相同工艺技术的不同设备			√	√		√
新技术	相同技术研究进展		√	√	√		√
应用于特定情境的新工艺	不同应用情境的同种工艺			√		√	√
新技术	包含同对象的不同技术研究	√		√		√	

专利文本	论文文本	专家1	专家2	专家3	专家4	专家5	专家6
新技术	相同对象的不同细分领域技术	✓		✓	✓	✓	✓
新技术产品专利	相同功能不同技术的比较研究	✓	✓		✓		✓
新技术设备	技术设备应用经验	✓		✓	✓	✓	
基于新材料的新设备	新材料的生物免疫特点	✓		✓	✓	✓	✓
新材料的制备	材料的光学特性		✓	✓			✓
新光学器件制备	材料的电学特性	✓	✓		✓	✓	
新结构器件的应用	结构的力学特性	✓	✓		✓		
基于新材料的元器件	元器件制备技术		✓	✓	✓		✓
与计算机技术相关的新框架与模型	概率论新模型与算法	✓	✓		✓	✓	✓
基于新材料的元器件	功能影响因素研究			✓			✓
新技术设备	与技术相关的现象与效应研究		✓	✓	✓		✓
高技术集成的新设备	设备研究进展		✓	✓		✓	
新设备	技术功能测试		✓		✓	✓	
药物疾病应用	蛋白质合成	✓			✓		✓
药物疾病应用	药物制备	✓	✓	✓	✓		
药物疾病应用	人体元素合成		✓	✓		✓	
药物疾病应用	人体药物运输	✓			✓	✓	
药物疾病应用	药物临床应用报告			✓	✓		✓
药物疾病应用	基因突变与疾病关系研究	✓	✓	✓		✓	
生物材料的制备	生物体活性研究		✓		✓		✓

索引